21世纪
会计系列规划教材
精要版

Chengben Kuaiji
Shiyan Jiaocheng

成本会计实验教程

第四版

刘敏坤 郑怀颖 编著

东北财经大学出版社
Dongbei University of Finance & Economics Press
大连

图书在版编目（CIP）数据

成本会计实验教程 / 刘敏坤，郑怀颖编著．—4版．—大连：东北财经大学出版社，2023.1

（21世纪会计系列规划教材·精要版）

ISBN 978-7-5654-2552-3

Ⅰ.成… Ⅱ.①刘… ②郑… Ⅲ.成本会计-高等学校-教材 Ⅳ.F234.2

中国版本图书馆CIP数据核字（2022）第162023号

东北财经大学出版社出版

（大连市黑石礁尖山街217号　邮政编码　116025）

网　址：http：//www.dufep.cn

读者信箱：dufep@dufe.edu.cn

大连图腾彩色印刷有限公司印刷　　东北财经大学出版社发行

幅面尺寸：205mm×285mm　字数：372千字　印张：15.75　插页：2

2023年1月第4版　　2023年1月第1次印刷

责任编辑：李智慧　李　栋　　责任校对：王　娟

封面设计：冀贵收　　版式设计：原　皓

定价：36.00元

教学支持　售后服务　　联系电话：（0411）84710309

如有印装质量问题，请联系营销部：（0411）84710711

第四版前言

成本会计是根据会计学的基本原理和一般原则，采用专门的方法对企业生产经营中的成本、费用进行核算和监督的一种管理活动。成本会计以提高经济效益为目的，是企业财务会计的一个重要分支。它具有很强的实践性，不仅要求学生掌握成本会计核算的理论和方法，还要求学生具备解决成本实际业务问题的能力。因此，成本会计实验是会计学专业必不可少的一个实践教学环节。

《成本会计实验教程》是关于成本会计核算的综合实验教程。通过本书的教学与实验，学生可以更好地将理论与实践结合起来，提高分析问题和解决问题的能力。本书内容全面、系统，针对企业成本会计核算的一般原则、专门方法进行了全面归纳，可作为会计学、财务管理专业成本会计课程的实验教材。

经过多年的市场检验，本书已被越来越多的高等院校师生所认可，也得到了越来越多使用者的好评和推荐，我们将竭力完善本书内容，以使其更好地方便广大师生使用。

本书由刘敏坤、郑怀颖编著。其中，刘敏坤撰写了第一部分、第二部分、第三部分；郑怀颖撰写了第四部分；刘敏坤、郑怀颖共同撰写了第五部分。钱育勇、姜山峰和陈文洁参与了本书的资料收集和校对工作。本书在编写过程中，得到了唐山学院会计学院领导、老师及有关企事业单位同仁的关心与帮助，在此向他们表示衷心的感谢。同时，由衷地希望广大读者多提宝贵意见，以不断改进和完善本书。

编著者

2022年6月

第一版前言

成本会计是根据会计学的基本原理和一般原则，采用专门的方法对企业生产经营中的成本、费用进行核算和监督的一种管理活动。成本会计以提高经济效益为目的，是企业财务会计的一个重要分支。它具有很强的实践性，不仅要求学生掌握成本会计核算的理论和方法，还要求学生具备解决成本实际业务问题的能力。因此，成本会计实验是会计学专业必不可少的一个实践教学环节。

《成本会计实验教程》是进行成本会计核算的综合实验。通过本书的教学与实验，学生可以更好地将理论与实践结合起来，提高分析问题和解决问题的能力。本书内容全面、系统，针对企业成本会计核算的一般原则、专门方法做了全面归纳，可作为会计学、财务管理专业成本会计课程的实验教材。

本书由刘敏坤、郑怀颖编著。其中，刘敏坤撰写了第一部分、第二部分、第三部分；郑怀颖撰写了第四部分；刘敏坤、郑怀颖共同撰写了第五部分。钱育勇、姜山峰和陈文洁参与了本书的资料收集和校对工作。在本书的编写过程中，编者得到了唐山学院经济管理系领导、老师及有关企事业单位等多方面的关心与帮助，在此向他们表示衷心的感谢。同时，由衷地希望广大读者多提宝贵意见，以不断改进和完善本教材。

编著者

2014年10月

目　录

第一部分　企业经济类型及生产特点

润达机床有限公司是大量生产各种机床的国有企业，位于风鑫市风林区新南路。其在市场管理部门的注册资本为4 500万元，该企业银行账号为19-00446688，开户银行为工行新南支行。该企业设有铸造、加工和装配三个基本生产车间，主要从事精密万能外圆磨床和卧轴矩台平面磨床的生产，另设有供气和机修两个辅助生产车间，主要从事蒸气生产和机器设备修理。

该企业产品生产工艺流程是：首先由铸造车间根据生产计划浇铸各种铸铁件和铸铝件，经检验合格后送交自制半成品库；其次加工车间分别从仓库领用各种铸铁件和铸铝件，经车、钳、刨、磨等工序，加工成各种不同的零部件，经检验合格后，直接送交装配车间；最后装配车间将收到的各种零部件连同从仓库领来的外购件组装成各种机床，经检验合格后送交产成品库。其工艺流程如图1-1所示。

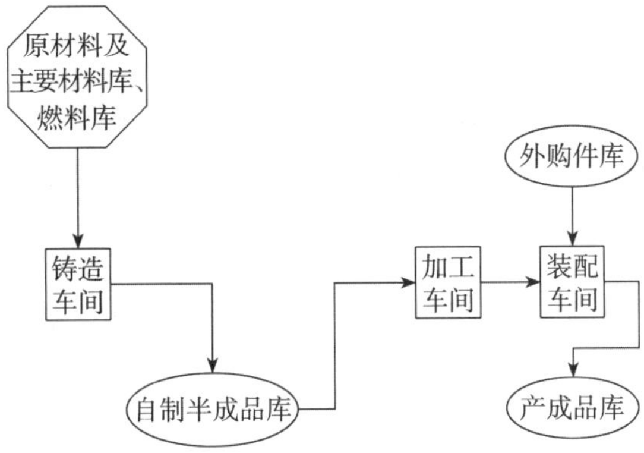

图1-1　工艺流程图

第二部分　企业财务成本核算制度的有关规定与说明

一、流动资产部分

1.材料存货日常收发核算按计划成本计价，收入材料实际成本与计划成本的差异逐笔结转。材料成本差异按原材料（包括原料及主要材料、辅助材料、外购件和燃料）和低值易耗品两大类分别核算。材料成本差异率月终计算。发出材料的计划成本月终根据有关“领料单”编制“原材料耗用汇总表”和“低值易耗品耗用汇总表”一次结转。发出材料的计划成本应负担的材料成本差异月终按本月材料成本差异率一次结转，材料成本差异率取整。

2.本企业低值易耗品分为刃具、量具、工作服和其他物品。刃具、量具、工作服和其他物品的成本均采用一次摊销法摊销。

3.本企业自制半成品分为铸铁件和铸铝件，自制半成品日常收发核算按计划成本计价。对于自制半成品实际成本与计划成本的差异，企业应当单独设置“自制半成品差异”账户核算。对于本月入库自制半成品的计划成本及实际成本与计划成本的差异，企业应于月终根据“完工铸件成本汇总表”一次结转；对于本月领用自制半成品的计划成本及应负担的自制半成品差异，企业应于月终编制“自制半成品耗用汇总表”一次结转。

4.本企业产成品收发核算按实际成本计价。本月入库产成品的实际成本于月终根据“产成品成本汇总表”一次结转。

二、产品成本核算部分

1.本企业实行厂部和车间两级成本核算形式。各车间成本计算采用品种法；厂部成本计算采用逐步结转分步法（半成品按综合成本逐步结转）。

2.铸造车间以铸铁件和铸铝件为成本计算对象。各种铸件的成本采用综合成本结转，并进行成本还原。铸造车间完工的各种铸件办理完工手续后存入自制半成品库；加工车间领用各种铸件加工时应填写“铸件领用单”，仓库据以发料。

3.加工车间和装配车间以精密万能外圆磨床和卧轴矩台平面磨床（其代号分别为MM1420H和MK7130，为简化书写工作量，在有关凭证中只填写其代号）为成本计算对象。采用综合结转法计算完工精密万能外圆磨床和卧轴矩台平面磨床的制造成本。

4.企业供气车间和机修车间为提供劳务发生的各项间接费用，如车间管理人员的工资及福利费、固定资产折旧费、一般材料消耗等，先通过“制造费用”账户核算，月终再转入“生产成本——辅助生产成本”账户。供气车间和机修车间提供劳务的实际成本按其受益数量在受益部门之间采用一次交互分配法进行分配。

5.各项费用分配率精确到0.0001，尾差由最后的项目负担。

6.企业执行会计制度，固定资产日常修理费用直接计入当期成本、费用；按实用工时分配各基本生产车间产品耗用的间接费用；装配车间领用加工车间的完工半成品应全部使用。

7.本企业主要设置以下4个成本项目：

（1）直接材料。直接材料包括企业生产经营过程中实际消耗的原料及主要材料、辅助材料、备品配件、外购件、燃料以及其他直接材料（注：加工车间需增加“铸铁件”和“铸铝件”成本项目，装配车间需增加“加工半成品”成本项目）。

（2）直接人工。直接人工包括企业直接从事产品生产人员的工资、奖金、津贴和补贴及职工福利费。

（3）直接动力。直接动力包括企业生产经营过程中实际消耗的电力、水力等（不包括油）。

（4）制造费用。制造费用包括企业各个车间为组织和管理生产所发生的生产车间管理人员的工资、职工福利费、固定资产折旧费、修理费、机物料消耗、低值易耗品消耗、辅助生产车间之间的对内分配费用等。

8.精密万能外圆磨床和卧轴矩台平面磨床均为可比产品。

9.本企业成本分析相关资料如下：

MM1420H，2022年1—11月累计实际产量：268台；12月销售单价：35 000元；本年计划单位成本：40 000元。该产品单位成本相关数据见表2-1。

表2-1　　MM1420H单位成本相关数据　　单位：元

成本项目	历史先进水平	上年实际平均	本年计划	1—11月实际平均
直接材料	22 080.75	27 859.24	27 000.00	26 589.42
直接人工	2 086.00	2 459.65	2 300.00	2 300.25
直接动力	3 002.68	3 341.49	3 200.00	2 956.58
制造费用	7 500.12	7 502.76	7 500.00	7 549.52

MK7130，2022年1—11月累计实际产量：314台；12月销售单价：40 100元；本年计划单位成本：34 500元。该产品单位成本相关数据见表2-2。

表2-2　　MK7130单位成本相关数据　　单位：元

成本项目	历史先进水平	上年实际平均	本年计划	1—11月实际平均
直接材料	21 000.36	24 695.31	23 000.00	22 956.12
直接人工	1 968.00	2 156.00	2 100.00	2 010.25
直接动力	3 000.36	3 156.47	3 000.00	3 001.58
制造费用	6 359.32	6 452.26	6 400.00	6 592.15

三、说明

忽略本月企业购货、入库、销售等与成本计算和结转无关的环节。

第三部分　实验资料

一、账户期初余额

12月初有关库存材料、在产品、库存商品和有关账户期初余额见表3-1至表3-7。

表3-1　**12月初库存原材料结存表**　金额单位：元

材料类别、品种		计量单位	数　量	计划单价	金　额
原料及主要材料	生　铁	吨	240	1 100.00	264 000.00
	铝　锭	吨	21	11 000.00	231 000.00
	钢　板	吨	3	3 500.00	10 500.00
	小　计	—	—	—	505 500.00
辅助材料	油　漆	升	700	20.00	14 000.00
	润滑油	升	30	40.00	1 200.00
	小　计	—	—	—	15 200.00
外购件	7.5千瓦电动机	台	60	900.00	54 000.00
	包装木箱	个	50	60.00	3 000.00
	电器元件	套	50	1 260.00	63 000.00
	45904轴承	套	30	30.00	900.00
	标准件	套	128	9 100.00	1 164 800.00
	液压件	套	62	4 200.00	260 400.00
	小　计	—	—	—	1 546 100.00
燃料	焦　炭	吨	33	350.00	11 550.00
	柴　油	升	50	2.00	100.00
	煤	吨	97	260.00	25 220.00
	小　计	—	—	—	36 870.00
合　计					2 103 670.00

表3-2　**12月初库存周转材料（低值易耗品）**　金额单位：元

名　称	计量单位	数　量	计划单价	金　额
刃　具	件	1 000	68.00	68 000.00
量　具	件	105	50.00	5 250.00
工作服	套	120	60.00	7 200.00
合　计				80 450.00

表 3-3　　**12月有关账户期初余额**　　单位：元

账　户	余　额	账　户	余　额
银行存款	356 719.88	材料成本差异——原材料	42 073.40（借）
固定资产——房屋	164 000.00	材料成本差异——低值易耗品	3 218.00（贷）
固定资产——机设	236 000.00	自制半成品差异	748.83（贷）
累计折旧——房屋	16 933.00	实收资本	4 000 000.00
累计折旧——机设	24 367.00	资本公积	321 986.45
在建工程——冲天炉设备工程	215 000.00		

表 3-4　　**12月初加工车间在产品成本表**　　单位：元

车间、产品 \ 成本项目		铸铁件	铸铝件	直接动力	直接人工	制造费用	合　计
加工车间	MM1420H	21 636.36	12 363.64	8 000.00	900.00	12 600.00	55 500.00
	MK7130	10 200.00	3 400.00	7 200.00	780.00	8 400.00	29 980.00
合　计		31 836.36	15 763.64	15 200.00	1 680.00	21 000.00	85 480.00

注：加工车间期初直接材料中仅包括铸铁件和铸铝件，其按本期领用铸件的金额比例进行分配。

表 3-5　　**12月初装配车间在产品成本表**　　单位：元

车间、产品 \ 成本项目		加工半成品	直接材料	直接动力	直接人工	制造费用	合　计
装配车间	MM1420H		139 000.00	3 000.00	1 500.00	21 000.00	164 500.00
	MK7130		33 500.00	1 800.00	800.00	12 000.00	48 100.00
合　计			172 500.00	4 800.00	2 300.00	33 000.00	212 600.00

表 3-6　　**12月初库存自制半成品结存表**　　金额单位：元

名　称	计量单位	数　量	计划单位成本	总成本
铸铁件	吨	30	3 000.00	90 000.00
铸铝件	吨	4	15 000.00	60 000.00
合　计	吨	34	—	150 000.00

表 3-7　　**12月初库存商品结存表**　　金额单位：元

名　称	计量单位	数　量	实际单位成本	总成本
MM1420H	台	10	48 670.00	486 700.00
MK7130	台	8	29 320.00	234 560.00
合　计	台	18	—	721 260.00

二、12月份经济业务及有关原始凭证

1. 12月1日，加工车间领用铸铁件。（附件1）

2. 12月1日，支付装配车间房屋维修费。（附件2-1、2-2）

3. 12月3日，铸造车间领用生铁和铝锭。（附件3-1、3-2）

4. 12月3日，供气车间领用煤和柴油。（附件4-1、4-2）

5. 12月3日，支付加工车间维修费。（附件5-1、5-2）

6. 12月7日，铸造车间领用铝锭和焦炭。（附件6）

7. 12月7日，装配车间领用电动机。（附件7）

8. 12月8日，铸造车间领用生铁和焦炭。（附件8）

9. 12月9日，装配车间领用电器元件、液压件和标准件。（附件9-1、9-2、9-3、9-4）

10. 12月10日，铸件完工入库。（附件10）

11. 12月11日，加工车间领用量具。（附件11）

12. 12月11日，加工车间领用铸铁件。（附件12）

13. 12月11日，装配车间领用刃具。（附件13）

14. 12月12日，加工车间领用铸铝件。（附件14）

15. 12月15日，铸造车间领用工作服。（附件15）

16. 12月15日，MM1420H产成品入库。（附件16）

17. 12月18日，铸造车间领用生铁。（附件17）

18. 12月18日，装配车间领用油漆。（附件18）

19. 12月20日，铸件完工入库。（附件19）

20. 12月20日，MK7130产成品入库。（附件20）

21. 12月22日，加工车间领用铸铁件。（附件21）

22. 12月24日，机修车间领用润滑油。（附件22）

23. 12月25日，供气车间领用煤。（附件23）

24. 12月28日，铸件完工入库。（附件24）

25. 12月30日，MM14204H、MK7130产成品入库。（附件25-1、25-2）

26. 12月31日，按实用工时分配本月电费，交本月水费。（附件26-1、26-2、26-3、26-4、26-5）

27. 12月31日，以银行存款支付本月财产保险费、报刊订阅费。（附件27-1、27-2、27-3、27-4、27-5）

28. 12月31日，计提本月固定资产折旧，支付固定资产大修理费用。（附件28-1、28-2、28-3、28-4）

29. 根据“材料采购明细账”和“材料成本差异明细账”提供的有关资料，计算本月原材料成本差异率和低值易耗品成本差异率。（附件29）

30. 12月31日，根据有关“领料单”编制全厂“原材料耗用汇总表”，并予以结转。（附件30）

31. 12月31日，根据有关“领料单”编制全厂“低值易耗品耗用汇总表”，并予以结转和摊销。（附件31）

32. 12月31日，按实用工时分配本月工资费用。（附件32）

33. 12月31日，计提本月职工福利费。（附件32）

34. 12月31日，计提本月工会经费。（附件32）

35. 12月31日，计提本月职工教育经费。（附件32）

36. 12月31日，结转机修车间和供气车间的制造费用。

37. 12月31日，采用一次交互分配法，分配辅助生产费用。（附件33-1、33-2）

38. 12月31日，分配铸造车间、加工车间和装配车间的制造费用。（附件34-1、34-2、34-3）

39. 12月31日，采用简单法计算并结转铸造车间铸件成本（因铸件在产品数量很少，故不计算在产品成本）。（附件35-1、35-2、35-3）

40. 12月31日，根据“自制半成品”和自制半成品差异总账账户提供的有关资料，计算本月自制半成品成本差异率。（附件36-1）

41. 12月31日，根据“铸件领用单”编制加工车间“自制半成品耗用汇总表”，并予以结转。（附件37-1）

42. 12月31日，采用简单法计算并结转加工车间产品成本。（附件38-1、38-2、38-3、38-4）

43. 12月31日，采用简单法计算装配车间产品成本。（附件39-1、39-2、39-3）

44. 12月31日，编制产成品成本汇总表，结转完工产成品成本。（附件40）

45. 12月31日，将管理费用、其他业务成本转入本年利润。

46. 12月31日，对产成品成本进行成本还原。（附件41-1、41-2）

47. 12月31日，编制科目汇总表，登记总账。（附件42）

48. 12月31日，对账，结账。

49. 12月31日，封账，结转下年。

50. 12月31日，编制成本报表。（附件43-1、43-2、43-3、43-4）

附件 1

铸件领用单

领用车间：加工车间　　　　2022 年 12 月 1 日　　　　编号：0121　　　　金额单位：元

项目 / 产品名称	铸件名称	铸铁件		用途：制造产品	
	请　领	实　发	单位成本	总成本	备　注
MM1420H	16	16	3 000.00	48 000.00	计划成本
MK7130	14	14	3 000.00	42 000.00	计划成本
合　计					

会计主管：方正　　　　复核：刘贤　　　　领料：张华　　　　发料：李云

附件 2-1

中国工商银行（冀）

转账支票存根

10201320

08159701

附加信息＿＿＿＿＿＿＿＿＿＿＿＿＿＿

出票日期：2022 年 12 月 1 日

收款人：	荣华装饰建筑工程公司
金　额：	¥1 857.00
用　途：	装配车间房屋维修

单位主管：　　　　会计：

附件 2-2

凤鑫市加工修理统一发票

加工三联（14）

NO.0536051

（第二联　发票联）

2022 年 12 月 1 日

委托方	润达机床有限公司	地　址	凤鑫市新南路								
合同字号	加工修理项目（品名）	单　位	数　量	单　价	金　额						
					万	千	百	十	元	角	分
	装配车间房屋维修				¥	1	8	5	7	0	0
金　额	人民币（大写）　壹仟捌佰伍拾柒元零角零分				¥	1	8	5	7	0	0

企业盖章：荣华装饰建筑工程公司　　　　电话：　　　　开票：　　　　收款：兰花

附件 3-1

润达机床有限公司领料单

领用部门：铸造车间　　　　材料类别：原材料

领料单号：12-1　　　　2022 年 12 月 3 日　　　　金额单位：元

<table>
<tr><td colspan="3">产品名称及用途</td><td colspan="3">铸铁件</td><td colspan="4">工程编号</td></tr>
<tr><td colspan="3" rowspan="2">材料名称</td><td colspan="2" rowspan="2">规　格</td><td rowspan="2">单　位</td><td colspan="2">数　量</td><td rowspan="2">计划单价</td><td rowspan="2">总　价</td></tr>
<tr><td>请　领</td><td>实　发</td></tr>
<tr><td colspan="3">生铁</td><td colspan="2"></td><td>吨</td><td>50</td><td>50</td><td>1 100.00</td><td>55 000.00</td></tr>
<tr><td rowspan="2">发料部门</td><td>复核员</td><td>发料员</td><td rowspan="2">领用部门</td><td>主　管</td><td>领　料</td><td rowspan="2">备注</td><td colspan="3" rowspan="2"></td></tr>
<tr><td>张平</td><td>杨华</td><td>王光</td><td>李红</td></tr>
</table>

附件 3-2

润达机床有限公司领料单

领用部门：铸造车间　　　　材料类别：原材料

领料单号：12-2　　　　2022 年 12 月 3 日　　　　金额单位：元

<table>
<tr><td colspan="3">产品名称及用途</td><td colspan="3">铸铝件</td><td colspan="4">工程编号</td></tr>
<tr><td colspan="3" rowspan="2">材料名称</td><td colspan="2" rowspan="2">规　格</td><td rowspan="2">单　位</td><td colspan="2">数　量</td><td rowspan="2">计划单价</td><td rowspan="2">总　价</td></tr>
<tr><td>请　领</td><td>实　发</td></tr>
<tr><td colspan="3">铝锭</td><td colspan="2"></td><td>吨</td><td>5</td><td>5</td><td>11 000.00</td><td>55 000.00</td></tr>
<tr><td rowspan="2">发料部门</td><td>复核员</td><td>发料员</td><td rowspan="2">领用部门</td><td>主　管</td><td>领　料</td><td rowspan="2">备注</td><td colspan="3" rowspan="2"></td></tr>
<tr><td>张平</td><td>杨华</td><td>王光</td><td>李红</td></tr>
</table>

附件 4-1

润达机床有限公司领料单

领用部门：供气车间　　　　材料类别：原材料

领料单号：12-3　　　　2022 年 12 月 3 日　　　　金额单位：元

<table>
<tr><td colspan="3">产品名称及用途</td><td colspan="3">蒸气</td><td colspan="4">工程编号</td></tr>
<tr><td colspan="3" rowspan="2">材料名称</td><td colspan="2" rowspan="2">规　格</td><td rowspan="2">单　位</td><td colspan="2">数　量</td><td rowspan="2">计划单价</td><td rowspan="2">总　价</td></tr>
<tr><td>请　领</td><td>实　发</td></tr>
<tr><td colspan="3">煤</td><td colspan="2"></td><td>吨</td><td>30</td><td>30</td><td>260.00</td><td>7 800.00</td></tr>
<tr><td rowspan="2">发料部门</td><td>复核员</td><td>发料员</td><td rowspan="2">领用部门</td><td>主　管</td><td>领　料</td><td rowspan="2">备注</td><td colspan="3" rowspan="2"></td></tr>
<tr><td>张伟</td><td>刘红</td><td>王冈</td><td>谢兵</td></tr>
</table>

附件 4-2

润达机床有限公司领料单

领用部门：供气车间　　　　　　　　　　　　　　　　　　　　材料类别：原材料

领料单号：12-4　　　　　　　2022 年 12 月 3 日　　　　　　　金额单位：元

产品名称及用途	一般消耗		工程编号			
材料名称	规　格	单　位	数　量		计划单价	总　价
			请　领	实　发		
柴油		升	30	30	2.00	60.00

发料部门	复核员	发料员	领用部门	主　管	领　料	备注	
	张伟	刘红		王冈	谢兵		

附件 5-1

中国工商银行（冀）
转账支票存根
10201320
08159702

附加信息____________________

出票日期：2022 年 12 月 3 日

收款人：	荣华装饰建筑工程公司
金　额：	¥1 590.00
用　途：	加工车间维修

单位主管：　　　　会计：

附件 5-2

凤鑫市加工修理统一发票

加工三联（93）

NO.0342083

（第二联　发票联）　　　　2022 年 12 月 3 日

委托方	润达机床有限公司	地　址	凤鑫市新南路								
合同字号	加工修理项目（品名）	单　位	数　量	单　价	金　额						
					万	千	百	十	元	角	分
	加工车间房屋维修				¥	1	5	9	0	0	0
金　额	人民币（大写）壹仟伍佰玖拾零元零角零分				¥	1	5	9	0	0	0

企业盖章：荣华装饰建筑工程公司　　　电话：　　　开票：　　　收款：丁香

附件 6

润达机床有限公司领料单

领用部门：铸造车间　　　　　　　　　　材料类别：原材料

领料单号：12-5　　　　　2022 年 12 月 7 日　　　　　金额单位：元

<table>
<tr><td colspan="3">产品名称及用途</td><td colspan="2">铸铝件</td><td colspan="4">工程编号</td></tr>
<tr><td colspan="3" rowspan="2">材料名称</td><td rowspan="2">规　格</td><td rowspan="2">单　位</td><td colspan="2">数　量</td><td rowspan="2">计划单价</td><td rowspan="2">总　价</td></tr>
<tr><td>请　领</td><td>实　发</td></tr>
<tr><td colspan="3">铝锭</td><td></td><td rowspan="2">吨</td><td>10</td><td>10</td><td>11 000.00</td><td>110 000.00</td></tr>
<tr><td colspan="3">焦炭</td><td></td><td>12</td><td>12</td><td>350.00</td><td>4 200.00</td></tr>
<tr><td rowspan="2">发料部门</td><td>复核员</td><td>发料员</td><td rowspan="2">领用部门</td><td>主　管</td><td>领　料</td><td rowspan="2">备注</td><td colspan="2" rowspan="2"></td></tr>
<tr><td>张平</td><td>杨华</td><td>王光</td><td>李红</td></tr>
</table>

附件 7

润达机床有限公司领料单

领用部门：装配车间　　　　　　　　　　材料类别：原材料

领料单号：12-6　　　　　2022 年 12 月 7 日　　　　　金额单位：元

<table>
<tr><td colspan="3">产品名称及用途</td><td colspan="2">装配产品</td><td colspan="4">工程编号</td></tr>
<tr><td colspan="3" rowspan="2">材料名称</td><td rowspan="2">规　格</td><td rowspan="2">单　位</td><td colspan="2">数　量</td><td rowspan="2">计划单价</td><td rowspan="2">总　价</td></tr>
<tr><td>请　领</td><td>实　发</td></tr>
<tr><td colspan="3">电动机</td><td>7.5 千瓦</td><td>台</td><td>35</td><td>34</td><td>900.00</td><td>30 600.00</td></tr>
<tr><td rowspan="2">发料部门</td><td>复核员</td><td>发料员</td><td rowspan="2">领用部门</td><td>主　管</td><td>领　料</td><td rowspan="2">备注</td><td colspan="2" rowspan="2">其中：MM1420H 耗用 20 台，计 18 000.00 元；MK7130 耗用 14 台，计 12 600.00 元</td></tr>
<tr><td>张利</td><td>刘红</td><td>陈文</td><td>贺丹</td></tr>
</table>

附件 8

润达机床有限公司领料单

领用部门：铸造车间　　　　　　　　　　材料类别：原材料

领料单号：12-7　　　　　2022 年 12 月 8 日　　　　　金额单位：元

<table>
<tr><td colspan="3">产品名称及用途</td><td colspan="2">铸铁件</td><td colspan="4">工程编号</td></tr>
<tr><td colspan="3" rowspan="2">材料名称</td><td rowspan="2">规　格</td><td rowspan="2">单　位</td><td colspan="2">数　量</td><td rowspan="2">计划单价</td><td rowspan="2">总　价</td></tr>
<tr><td>请　领</td><td>实　发</td></tr>
<tr><td colspan="3">生铁</td><td></td><td rowspan="2">吨</td><td>50</td><td>50</td><td>1 100.00</td><td>55 000.00</td></tr>
<tr><td colspan="3">焦炭</td><td></td><td>16</td><td>16</td><td>350.00</td><td>5 600.00</td></tr>
<tr><td rowspan="2">发料部门</td><td>复核员</td><td>发料员</td><td rowspan="2">领用部门</td><td>主　管</td><td>领　料</td><td rowspan="2">备注</td><td colspan="2" rowspan="2"></td></tr>
<tr><td>张平</td><td>杨华</td><td>王光</td><td>李红</td></tr>
</table>

附件 9-1

润达机床有限公司领料单

领用部门：装配车间　　　　材料类别：原材料

领料单号：12-8　　　　2022 年 12 月 9 日　　　　金额单位：元

产品名称及用途		MM1420H		工程编号			
材料名称		规　格	单　位	数　量		计划单价	总　价
				请　领	实　发		
电器元件			套	20	20	1 260.00	25 200.00
发料部门	复核员	发料员	领用部门	主　管	领　料	备注	
	张利	刘红		陈文	贺丹		

附件 9-2

润达机床有限公司领料单

领用部门：装配车间　　　　材料类别：原材料

领料单号：12-9　　　　2022 年 12 月 9 日　　　　金额单位：元

产品名称及用途		MK7130		工程编号			
材料名称		规　格	单　位	数　量		计划单价	总　价
				请　领	实　发		
电器元件			套	14	14	1 260.00	17 640.00
发料部门	复核员	发料员	领用部门	主　管	领　料	备注	
	张利	刘红		陈文	贺丹		

附件 9-3

润达机床有限公司领料单

领用部门：装配车间　　　　材料类别：原材料

领料单号：12-10　　　　2022 年 12 月 9 日　　　　金额单位：元

产品名称及用途		MM1420H　MK7130		工程编号			
材料名称		规　格	单　位	数　量		计划单价	总　价
				请　领	实　发		
液压件			套	34	34	4 200.00	142 800.00
发料部门	复核员	发料员	领用部门	主　管	领　料	备注	其中：MM1420H 耗用 20 套，计 84 000.00 元；MK7130 耗用 14 套，计 58 800.00 元
	张利	刘红		陈文	贺丹		

附件 9-4

润达机床有限公司领料单

领用部门：装配车间　　　　　　　　　　　　　　　　材料类别：原材料

领料单号：12-11　　　　2022年12月9日　　　　金额单位：元

产品名称及用途	MM1420H　MK7130		工程编号			
材料名称	规　格	单　位	数　量		计划单价	总　价
			请　领	实　发		
标准件		套	34	34	9 100.00	309 400.00

发料部门	复核员	发料员	领用部门	主　管	领　料	备注	其中：MM1420H耗用20套，计182 000.00元；MK7130耗用14套，计127 400.00元
	张利	刘红		陈文	贺丹		

附件 10

铸件交库单

生产部门：铸造车间　　2022年12月10日　　第00235号　　金额单位：元

工　号	铸件名称	规　格	单　位	单　价	数　量	总　价
	铸铁件		吨	3 000.00	50	150 000.00
	铸铝件		吨	15 000.00	12	180 000.00
备注	计划成本			检验人：武进 入库人：刘华		

会计：张晓　　　　复核：刘贤　　　　记账：张晓　　　　制单：刘民

附件 11

润达机床有限公司领料单

领用部门：加工车间　　　　　　　　　　　　　　　　材料类别：低值易耗品

领料单号：12-1　　　　2022年12月11日　　　　金额单位：元

产品名称及用途	一般消耗		工程编号			
材料名称	规　格	单　位	数　量		计划单价	总　价
			请　领	实　发		
量具		件	5	5	50.00	250.00

发料部门	复核员	发料员	领用部门	主　管	领　料	备注	一次摊销
	张青	陆云		李艾	庄洁		

附件 12

铸件领用单

领用单位：加工车间　　2022 年 12 月 11 日　　编号：0122　　金额单位：元

项目 / 产品名称	铸件名称	铸铁件		用途：制造产品	
	请　领	实　发	单位成本	总成本	备　注
MM1420H	30	30	3 000.00	90 000.00	计划成本
MK7130	20	20	3 000.00	60 000.00	计划成本
合　计					

会计主管：方正　　复核：刘贤　　领料：张华　　发料：李云

附件 13

润达机床有限公司领料单

领用部门：装配车间　　材料类别：低值易耗品

领料单号：12-13　　2022 年 12 月 11 日　　金额单位：元

产品名称及用途	一般消耗		工程编号			
材料名称	规　格	单　位	数　量		计划单价	总　价
			请　领	实　发		
刃具		件	25	25	68.00	1 700.00

发料部门	复核员	发料员	领用部门	主　管	领　料	备注
	张利	刘红		陈文	贺丹	一次摊销

附件 14

铸件领用单

领用单位：加工车间　　2022 年 12 月 12 日　　编号：0123　　金额单位：元

项目 / 产品名称	铸件名称	铸铝件		用途：制造产品	
	请　领	实　发	单位成本	总成本	备　注
MM1420H	8	8	15 000.00	120 000.00	计划成本
MK7130	4	4	15 000.00	60 000.00	计划成本
合　计					

会计主管：方正　　复核：刘贤　　领料：张华　　发料：李云

附件 15

润达机床有限公司领料单

领用部门：铸造车间　　　　　　　　　　　　　　　　　　　材料类别：低值易耗品

领料单号：12-14　　　　　　2022 年 12 月 15 日　　　　　　金额单位：元

<table>
<tr><td colspan="3">产品名称及用途</td><td colspan="2">一般消耗</td><td colspan="4">工程编号</td></tr>
<tr><td colspan="3" rowspan="2">材料名称</td><td rowspan="2">规　格</td><td rowspan="2">单　位</td><td colspan="2">数　量</td><td rowspan="2">计划单价</td><td rowspan="2">总　价</td></tr>
<tr><td>请　领</td><td>实　发</td></tr>
<tr><td colspan="3">工作服</td><td></td><td>套</td><td>26</td><td>20</td><td>60.00</td><td>1 200.00</td></tr>
<tr><td rowspan="2">发料部门</td><td>复核员</td><td>发料员</td><td rowspan="2">领用部门</td><td>主　管</td><td>领　料</td><td rowspan="2">备注</td><td colspan="2" rowspan="2">采用一次摊销法</td></tr>
<tr><td>张青</td><td>陆云</td><td>王光</td><td>李红</td></tr>
</table>

附件 16

产成品入库单

交库单位：装配车间　　　　　　2022 年 12 月 15 日　　　　　　编号：12-1

<table>
<tr><td rowspan="2">产品名称</td><td rowspan="2">型号规格</td><td rowspan="2">计量单位</td><td rowspan="2">交付数量</td><td colspan="2">检验结果</td><td rowspan="2">实收数量</td><td rowspan="2">金　额</td></tr>
<tr><td>合　格</td><td>不合格</td></tr>
<tr><td>MM1420H</td><td></td><td>台</td><td>10</td><td>10</td><td></td><td>10</td><td></td></tr>
<tr><td></td><td></td><td></td><td></td><td></td><td></td><td></td><td></td></tr>
<tr><td></td><td></td><td></td><td></td><td></td><td></td><td></td><td></td></tr>
</table>

生产车间：陈辰　　　　　　　　检验人：王俭　　　　　　　　仓库验收：赵平

附件 17

润达机床有限公司领料单

领用部门：铸造车间　　　　　　　　　　　　　　　　　　　材料类别：原材料

领料单号：12-15　　　　　　2022 年 12 月 18 日　　　　　　金额单位：元

<table>
<tr><td colspan="3">产品名称及用途</td><td colspan="2">铸铁件</td><td colspan="4">工程编号</td></tr>
<tr><td colspan="3" rowspan="2">材料名称</td><td rowspan="2">规　格</td><td rowspan="2">单　位</td><td colspan="2">数　量</td><td rowspan="2">计划单价</td><td rowspan="2">总　价</td></tr>
<tr><td>请　领</td><td>实　发</td></tr>
<tr><td colspan="3">生铁</td><td></td><td>吨</td><td>90</td><td>85</td><td>1 100.00</td><td>93 500.00</td></tr>
<tr><td rowspan="2">发料部门</td><td>复核员</td><td>发料员</td><td rowspan="2">领用部门</td><td>主　管</td><td>领　料</td><td rowspan="2">备注</td><td colspan="2" rowspan="2"></td></tr>
<tr><td>张平</td><td>杨华</td><td>王光</td><td>李红</td></tr>
</table>

附件 18

润达机床有限公司领料单

领用部门：装配车间　　　　材料类别：原材料

领料单号：12-16　　　　2022 年 12 月 18 日　　　　金额单位：元

<table>
<tr><td colspan="3">产品名称及用途</td><td colspan="2">一般消耗</td><td colspan="4">工程编号</td></tr>
<tr><td colspan="3" rowspan="2">材料名称</td><td rowspan="2">规　格</td><td rowspan="2">单　位</td><td colspan="2">数　量</td><td rowspan="2">计划单价</td><td rowspan="2">总　价</td></tr>
<tr><td>请　领</td><td>实　发</td></tr>
<tr><td colspan="3">油漆</td><td></td><td>升</td><td>400</td><td>400</td><td>20.00</td><td>8 000.00</td></tr>
<tr><td rowspan="2">发料部门</td><td>复核员</td><td>发料员</td><td rowspan="2">领用部门</td><td>主　管</td><td>领　料</td><td rowspan="2">备注</td><td colspan="2" rowspan="2"></td></tr>
<tr><td>张利</td><td>刘红</td><td>陈文</td><td>陈方</td></tr>
</table>

附件 19

铸件交库单

生产部门：铸造车间　　　　2022 年 12 月 20 日　　　　第 00236 号　　　　金额单位：元

<table>
<tr><td colspan="2">工　号</td><td>铸件名称</td><td>规　格</td><td>单　位</td><td>单　价</td><td>数　量</td><td>总　价</td></tr>
<tr><td colspan="2"></td><td>铸铁件</td><td></td><td>吨</td><td>3 000.00</td><td>50</td><td>150 000.00</td></tr>
<tr><td colspan="2"></td><td></td><td></td><td></td><td></td><td></td><td></td></tr>
<tr><td colspan="2"></td><td></td><td></td><td></td><td></td><td></td><td></td></tr>
<tr><td>备注</td><td colspan="4">计划成本</td><td colspan="3">检验人：武进
入库人：刘华</td></tr>
</table>

会计：张晓　　　　复核：刘贤　　　　记账：张晓　　　　制单：刘民

附件 20

产成品入库单

交库单位：装配车间　　　　2022 年 12 月 20 日　　　　编号：12-2

<table>
<tr><td rowspan="2">产品名称</td><td rowspan="2">型号规格</td><td rowspan="2">计量单位</td><td rowspan="2">交付数量</td><td colspan="2">检验结果</td><td rowspan="2">实收数量</td><td rowspan="2">金　额</td></tr>
<tr><td>合　格</td><td>不合格</td></tr>
<tr><td>MK7130</td><td></td><td>台</td><td>8</td><td>8</td><td></td><td>8</td><td></td></tr>
<tr><td></td><td></td><td></td><td></td><td></td><td></td><td></td><td></td></tr>
<tr><td></td><td></td><td></td><td></td><td></td><td></td><td></td><td></td></tr>
</table>

生产车间：陈辰　　　　检验人：王俭　　　　仓库验收：赵平

附件 21

铸件领用单

领用单位：加工车间　　2022 年 12 月 22 日　　编号：0124　　金额单位：元

项目 / 产品名称	铸件名称	铸铁件		用途：制造产品	
	请　领	实　发	单位成本	总成本	备　注
MM1420H	24	24	3 000.00	72 000.00	计划成本
MK7130	26	26	3 000.00	78 000.00	计划成本
合　计					

会计主管：方正　　复核：刘贤　　领料：张华　　发料：李云

附件 22

润达机床有限公司领料单

领用部门：机修车间　　材料类别：原材料

领料单号：12-17　　2022 年 12 月 24 日　　金额单位：元

产品名称及用途	一般消耗		工程编号			
材料名称	规　格	单　位	数　量		计划单价	总　价
			请　领	实　发		
润滑油		升	10	10	40.00	400.00

发料部门	复核员	发料员	领用部门	主　管	领　料	备注	
	张利	李明		高峰	陈吉		

附件 23

润达机床有限公司领料单

领用部门：供气车间　　材料类别：原材料

领料单号：12-18　　2022 年 12 月 25 日　　金额单位：元

产品名称及用途	蒸气		工程编号			
材料名称	规　格	单　位	数　量		计划单价	总　价
			请　领	实　发		
煤		吨	15	10	260.00	2 600.00

发料部门	复核员	发料员	领用部门	主　管	领　料	备注	
	张伟	刘红		王冈	谢兵		

附件 24

铸件交库单

生产部门：铸造车间　　2022 年 12 月 28 日　　第 00237 号　　金额单位：元

工　号	铸件名称	规　格	单　位	单　价	数　量	总　价
	铸铁件		吨	3 000.00	20	60 000.00
备注	计划成本			检验人：武进 入库人：刘华		

会计：张晓　　复核：刘贤　　记账：张晓　　制单：刘民

附件 25-1

产成品入库单

交库单位：装配车间　　2022 年 12 月 30 日　　编号：12-3

产品名称	型号规格	计量单位	交付数量	检验结果		实收数量	金　额
				合　格	不合格		
MM1420H		台	10	10		10	

生产车间：陈辰　　检验人：王俭　　仓库验收：赵平

附件 25-2

产成品入库单

交库单位：装配车间　　2022 年 12 月 30 日　　编号：12-4

产品名称	型号规格	计量单位	交付数量	检验结果		实收数量	金　额
				合　格	不合格		
MK7130		台	7	7		7	

生产车间：陈辰　　检验人：王俭　　仓库验收：赵平

附件 26-1

生产工时统计汇总表

2022 年 12 月　　　　单位：小时

车间 / 产品名称	铸造车间	加工车间	装配车间
铸铁件	280	—	—
铸铝件	120	—	—
MM1420H	—	7 488	4 368
MK7130	—	4 992	2 912
合　计	400	12 480	7 280

会计主管：方正　　　　复核：张心　　　　制表：李云

附件 26-2

外购电费分配表

2022 年 12 月　　　　金额单位：元

应借科目 / 项目		动力用电		照明用电	
		用电度数	分配金额（分配率：　）	用电度数	分配金额（分配率：　）
生产成本	机修车间	10 000			
	供气车间	14 360			
	小　计	24 360			
	铸造车间	35 000			
	铸造车间——铸铁件				
	铸造车间——铸铝件				
	加工车间	91 000			
	加工车间——MM1420H				
	加工车间——MK7130				
	装配车间	41 000			
	装配车间——MM1420H				
	装配车间——MK7130				
	小　计	167 000			
制造费用	铸造车间			11 640	
	加工车间			27 000	
	装配车间			12 000	
	机修车间			9 000	
	供气车间			10 000	
	小　计			69 640	
管理费用				41 000	
在建工程（冲天炉工程）				2 000	
合　计		191 360	112 692.40	112 640	37 396.48

会计主管：　　　　复核：　　　　制表：

附件 26-3

特约委托收款凭证（付款凭证）　2

委托号码：1689

委托日期：2022 年 12 月 31 日

付款人	全称	润达机床有限公司			收款人	全称	凤鑫市自来水公司武昌分公司
	账号	19-00446688				账号	2508-40-007035912
	开户银行	工行新南支行	清算行号	2508		开户银行	工行新南支行
金额	人民币（大写）叁仟柒佰陆拾陆元整					千 百 十 万 千 百 十 元 角 分	¥ 3 7 6 6 0 0
款项性质	12 月水费	合同号码	C1468	附寄单证张数	4		
备　注： 特约				根据协议上列款项已由付款单位账上付出 2022 年 12 月 31 日（付款单位开户银行盖章）			

附件 26-4

凤鑫市自来水公司水费清单

托号：C1468　　2022 年 12 月 31 日

户　名	润达机床有限公司		户　号	19-00446688
地　址	武昌解放路		日　期	2022.12.31
水表止码	水表起码	水　量（吨）		
127478	108648	18 830		
单　价（元）	水　费（元）	滞纳金（元）		
0.20	3 766.00			
大　写	叁仟柒佰陆拾陆元整			

附件 26-5

外购水费分配表

2022年12月

金额单位：元

应借科目 \ 项目		用水数量（吨）	分配率	分配金额
制造费用	铸造车间	1 800		
	加工车间	3 000		
	装配车间	1 500		
	机修车间	1 030		
	供气车间	1 300		
	小　计	8 630		
生产成本——供气车间		6 200		
管理费用——企业管理部门		4 000		
合　计		18 830		3 766.00

会计主管：　　　　复核：　　　　制表：

附件 27-1

财产保险费、报刊订阅费分配表

2022年12月31日

金额单位：元

应借科目 \ 项目	财产保险费			报刊订阅费			合　计
	2022年实付额	分摊月数	本月摊销额	2022年实付额	分摊月数	本月摊销额	
制造费用——铸造车间	5 040.00	12		3 192.00	12		
加工车间	12 360.00	12		5 040.00	12		
装配车间	5 520.00	12		3 600.00	12		
机修车间	3 240.00	12		3 120.00	12		
供气车间	4 800.00	12		3 000.00	12		
小　计	30 960.00	12		17 952.00	12		
管理费用——企业管理部门	23 100.00	12		7 560.00	12		
合　计	54 060.00	12	4 505.00	25 512.00	12	2 126.00	

会计主管：　　　　复核：　　　　制表：

附件 27-2

中国工商银行（冀）
转账支票存根
10201320
08159703

附加信息____________________

出票日期：2022 年 12 月 31 日

收款人：中华保险公司
金　额：¥4 505.00
用　途：财产保险费

单位主管：　　　　会计：

附件 27-3

保险业专用发票

发　票　联

13001024100　　　　№ 00647642

校验码 58489 22227 26316 69702　　　　开票日期：2022 年 12 月 31 日

付款单位	名　　称：凤鑫市润达机床有限公司 纳税人识别号：811130202257892366 地 址 、电 话：凤鑫市凤林区新南路 开户行及账号：工行新南支行 19-00446688		密码区	>8+80>63676/+819*1386 加密版本：01 +248<>76<941>6/6/-009　1402595858 -6>1>/1<^+9_8786>3452　00995604	
承保险种		保险单号	保险费金额	代收税额	合计
财产保险费		126050360211002967	4 505.00		4 505.00
合　计			4 505.00		4 505.00
大　写		⊗肆仟伍佰零伍元整			（小写）￥4 505.00
保险公司名称	名　　称：中华保险公司 纳税人识别号：811130201687690543 地 址 、电 话：凤鑫市河东路 78 号 29086241 开户行及账号：工行和平支行 126578097865		备注	中华保险公司 811130201687690543 发票专用章	

第三联：发票联　付款方留存

收款人：黄江　　　　复核：　　　　开票人：王明明　　　　保险公司：（章）

附件 27-4

中国工商银行（冀）
转账支票存根
10201320
08159704

附加信息________________

____

____

出票日期：2022 年 12 月 31 日

收款人：新南邮局	
金　额：¥2 126.00	
用　途：报刊订阅费	

单位主管：　　　　会计：

附件 27-5

河北省报刊订阅发票

购货单位：风鑫市润达机床有限公司　　　　2022 年 12 月 31 日

编　号	项　目	类　型	数　量	单　价	金　额
	报刊订阅费	月刊	10	212.60	2 126.00
合计人民币（大写）贰仟壹佰贰拾陆元整					¥2 126.00

主管：赵辉　　　　经手人：蒋丽

附件 28-1

固定资产折旧计算表

2022年12月 金额单位：元

科目	部门	类别 \ 项目	月初应计提折旧的固定资产原值	折旧	
				月折旧率（%）	折旧额
制造费用	铸造车间	房屋及建筑物	800 000.00	0.2	
		机器设备	2 200 000.00	0.3	
		小　计	3 000 000.00		
	加工车间	房屋及建筑物	1 000 000.00	0.2	
		机器设备	7 000 000.00	0.5	
		小　计	8 000 000.00		
	装配车间	房屋及建筑物	1 000 000.00	0.2	
		机器设备	5 500 000.00	0.5	
		小　计	6 500 000.00		
	机修车间	房屋及建筑物	800 000.00	0.2	
		机器设备	2 000 000.00	0.4	
		小　计	2 800 000.00		
	供气车间	房屋及建筑物	800 000.00	0.2	
		机器设备	2 200 000.00	0.3	
		小　计	3 000 000.00		
管理费用	厂　部	房屋及建筑物	11 800 000.00	0.2	
		机器设备	4 700 000.00	0.5	
		小　计	16 500 000.00		
其他业务成本		租出房屋	200 000.00	0.2	
合　计		房屋及建筑物	16 400 000.00		
		机器设备	23 600 000.00		
总　计			40 000 000.00		

会计主管： 复核： 制表：

附件 28-2

大修理费用分配表

2022 年 12 月　　　　单位：元

应借科目 \ 项目		分配金额
制造费用	铸造车间	3 280.00
	加工车间	14 800.00
	装配车间	11 256.00
	机修车间	3 840.00
	供气车间	3 280.00
	小　计	36 456.00
管理费用		18 840.00
其他业务成本		160.00
合　计		55 456.00

附件 28-3

中国工商银行（冀）
转账支票存根
10201320
08159705

附加信息＿＿＿＿＿＿＿＿＿＿

出票日期：2022 年 12 月 31 日

收款人：华夏修理工程公司
金　额：¥55 456.00
用　途：大修理费用

单位主管：　　　　会计：

附件 28-4

河北省加工修理专用费用发票

购货单位：凤鑫市润达机床有限公司　　　　2022 年 12 月 31 日

编　号	项　目	类　型	数　量	单　价	金　额
	大修理费		1	55 456.00	55 456.00
合计人民币（大写）伍万伍仟肆佰伍拾陆元整					¥55 456.00

华夏修理工程公司 811299632017885000 发票专用章

主管：赵辉　　　　经手人：蒋丽

附件 29

材料成本差异计算表

企业名称：　　　　2022 年 12 月　　　　超支（+）节约（-）

类　别	月初结存		本月收入		合　计		成本差异率
	计划成本	成本差异	计划成本	成本差异	计划成本	成本差异	
原材料							
低值易耗品							

会计主管：　　　　复核：　　　　制表：

附件 30

原材料耗用汇总表

企业名称：　　　　　　　　　　　　　　2022 年 12 月

原材料类别 领料部门及用途		计划成本					差异额 （差异率）	实际成本
		原料及 主要材料	辅助材料	外购件	燃　料	合　计		
铸造车间	铸铁件							
	铸铝件							
	一般耗用							
加工车间	MM1420H							
	MK7130							
	一般耗用							
装配车间	MM1420H							
	MK7130							
	一般耗用							
供气车间	蒸气							
	一般耗用							
机修车间	一般耗用							
企业管理部门								
包装产品								
合　计								

会计主管：　　　　　　　　　　复核：　　　　　　　　　　制表：

附件 31

低值易耗品耗用汇总表

2022 年 12 月

类　别 领用部门		量　具	刃　具	工作服	其　他	合　计
加工车间	计划总成本					
	本月差异率					
	本月应负担差异额					
	实际总成本					
	本月摊销额					
装配车间	计划总成本					
	本月差异率					
	本月应负担差异额					
	实际总成本					
	本月摊销额					
铸造车间	计划总成本					
	本月差异率					
	本月应负担差异额					
	实际总成本					
	本月摊销额					

会计主管：　　　　　　　　　　复核：　　　　　　　　　　制表：

附件32

工资、福利费、工会经费、职工教育经费分配计提表

2022年12月31日　　　　单位：元

应借科目＼项目	工　资	福利费（14%）	工会经费（2%）	职工教育经费（1.5%）	合　计
生产成本——铸造车间	24 774.58	3 468.44	495.49	371.62	29 110.13
——铸铁件					
——铸铝件					
——加工车间	23 596.54	3 303.52	471.93	353.95	27 725.94
——MM1420H					
——MK7130					
——装配车间	15 960.00	2 234.40	319.20	239.40	18 753.00
——MM1420H					
——MK7130					
——机修车间	13 589.77	1 902.57	271.80	203.85	15 967.99
——供气车间	10 835.34	1 516.95	216.71	162.53	12 731.53
小　计	88 756.23	12 425.88	1 775.13	1 331.35	104 288.59
制造费用——铸造车间	1 744.44	244.22	34.89	26.17	2 049.72
——加工车间	3 061.99	428.68	61.24	45.93	3 597.84
——装配车间	2 905.79	406.81	58.12	43.59	3 414.31
——机修车间	1 745.41	244.36	34.91	26.18	2 050.86
——供气车间	1 731.83	242.46	34.64	25.98	2 034.91
小　计	11 189.46	1 566.53	223.80	167.85	13 147.64
管理费用	67 394.00	9 435.16	1 347.88	1 010.91	79 187.95
合　计	167 339.69	23 427.57	3 346.81	2 510.11	196 624.18

会计主管：　　　　复核：　　　　制表：

附件33-1

辅助生产车间供应劳务数量汇总表

企业名称：润达机床有限公司　　　　2022年12月

耗用单位		劳务项目	
		供　气（立方米）	修　理（小时）
供气车间			100
机修车间		42 000	
铸造车间	产品耗用	0	0
	一般消耗	48 000	400
加工车间	产品耗用	0	0
	一般消耗	44 000	1 500
装配车间	产品耗用	0	0
	一般消耗	41 000	700
企业管理部门		80 000	300
合　计		255 000	3 000

会计主管：方正　　　　复核：刘贤　　　　制表：刘文

附件33-2

辅助生产费用分配表

（一次交互分配法）

企业名称：　　　　　　　　　　　　　2022年12月

项　目	计量单位	分配率	提供劳务的数量	辅助生产费用		基本生产车间一般耗用			企业管理部门耗用	合　计
				供气	修理	铸造	加工	装配		
直接发生费用										
交互分配：										
供气车间	立方米									
机修车间	小　时									
对外分配费用										
对外分配：										
供气车间	立方米									
机修车间	小　时									
合　计										

会计主管：　　　　　　　　　复核：　　　　　　　　　制表：

附件34-1

制造费用分配表

车间：铸造车间　　　　　　　　　　2022年12月

分配对象（产品名称）	分配标准（实用工时）	分配率	分配金额
铸铁件			
铸铝件			
合　计			

会计主管：　　　　　　　　　复核：　　　　　　　　　制表：

附件34-2

制造费用分配表

车间：加工车间　　　　　　　　　　2022年12月

分配对象（产品名称）	分配标准（实用工时）	分配率	分配金额
MM1420H			
MK7130			
合　计			

会计主管：　　　　　　　　　复核：　　　　　　　　　制表：

附件34-3

制造费用分配表

车间：装配车间　　　　　　　　2022年12月

分配对象（产品名称）	分配标准（实用工时）	分配率	分配金额
MM1420H			
MK7130			
合　计			

会计主管：　　　　　　　　复核：　　　　　　　　制表：

附件35-1

铸造车间铸件成本计算表

铸件名称：铸铁件　　　　　　　　2022年12月　　　　　　　　完工产量：

成本项目		直接材料	直接动力	直接人工	制造费用	合　计
月初在产品成本						
本月生产费用						
生产费用合计						
完工铸件	总成本					
	单位成本					
月末在产品成本						

会计主管：　　　　　　　　复核：　　　　　　　　制表：

注：因在产品数量很少，故不计算其成本。

附件35-2

铸造车间铸件成本计算表

铸件名称：铸铝件　　　　　　　　2022年12月　　　　　　　　完工产量：

成本项目		直接材料	直接动力	直接人工	制造费用	合　计
月初在产品成本						
本月生产费用						
生产费用合计						
完工铸件	总成本					
	单位成本					
月末在产品成本						

会计主管：　　　　　　　　复核：　　　　　　　　制表：

附件 35-3

完工铸件成本汇总表

2022 年 12 月

铸件名称	计量单位	数　量	直接材料	直接动力	直接人工	制造费用	合　计
铸铁件	吨						
铸铝件	吨						
合　计							

会计主管：　　　　复核：　　　　制表：

附件 36

自制半成品差异计算表

企业名称：　　　　2022 年 12 月　　　　超支（+）节约（-）

类　别	月初结存		本月收入		合　计		成本差异率
	计划成本	成本差异	计划成本	成本差异	计划成本	成本差异	
自制半成品							

会计主管：　　　　复核：　　　　制表：

附件 37

自制半成品耗用汇总表

领用部门：加工车间　　　　2022 年 12 月

铸件类别 / 产品名称	计划成本			差异额（差异率：　）	实际成本
	铸铁件	铸铝件	合　计		
MM1420H					
MK7130					
合　计					

会计主管：　　　　复核：　　　　制表：

附件 38-1

加工车间 12 月份产量资料

单位：台

产品名称 / 项　目	MM1420H	MK7130
月初在产品	2	3
本月投产	22	15
本月完工	20	14
月末在产品	4	4
月末在产品完工率	50%	50%
月末在产品投料率	100%	100%
备　注	期末在产品成本按约当产量法计算	

会计主管：方正　　　　复核：刘贤　　　　制表：高亮

附件 38-2

加工车间成本计算表

完工半成品：台

月末在产品：台

产品名称：MM1420H　　　　2022 年 12 月

成本项目		铸铁件	铸铝件	直接动力	直接人工	制造费用	合　计
月初在产品成本							
本月发生生产费用							
生产费用合计							
完工半成品	总成本						
	单位成本						
月末在产品成本							

会计主管：　　　　复核：　　　　制表：

附件 38-3

加工车间成本计算表

完工半成品：台

月末在产品：台

产品名称：MK7130　　　　2022 年 12 月

成本项目		铸铁件	铸铝件	直接动力	直接人工	制造费用	合　计
月初在产品成本							
本月发生生产费用							
生产费用合计							
完工半成品	总成本						
	单位成本						
月末在产品成本							

会计主管：　　　　复核：　　　　制表：

附件 38-4

加工车间完工半成品成本汇总表

2022 年 12 月

产品名称	计量单位	数　量	铸铁件	铸铝件	直接动力	直接人工	制造费用	合　计	
								单位成本	总成本

会计主管：　　　　复核：　　　　制表：

附件 39-1

装配车间12月份产量资料

单位：台

项目 \ 产品名称	MM1420H	MK7130
月初在产品	4	3
本月投产	20	14
本月完工	20	15
月末在产品	4	2
月末在产品完工率	50%	50%
月末在产品投料率	100%	100%
备　注	月末在产品成本按约当产量法计算	

会计主管：方正　　　　复核：刘贤　　　　制表：甘梅

附件 39-2

装配车间成本计算表

完工产量：台

产品名称：MM1420H　　　　2022年12月　　　　月末在产品：台

成本项目		加工半成品	直接材料	直接动力	直接人工	制造费用	合　计
月初在产品成本							
本月发生生产费用							
生产费用合计							
完工产成品	总成本						
	单位成本						
月末在产品成本							

会计主管：　　　　复核：　　　　制表：

附件 39-3

装配车间成本计算表

完工产量：台

产品名称：MK7130　　　　2022年12月　　　　月末在产品：台

成本项目		加工半成品	直接材料	直接动力	直接人工	制造费用	合　计
月初在产品成本							
本月发生生产费用							
生产费用合计							
完工产成品	总成本						
	单位成本						
月末在产品成本							

会计主管：　　　　复核：　　　　制表：

附件40

产成品成本汇总表

企业名称：　　　　　　　　　　2022年12月

产品名称	计量单位	数　量	加工半成品	直接材料	直接动力	直接人工	制造费用	合　计	
								单位成本	总成本

会计主管：　　　　　　　　复核：　　　　　　　　制表：

附件41-1

产成品成本还原计算表

产品名称：MM1420H　　　　　　2022年12月　　　　　　完工产品产量：

行次	项　目	成本还原分配率	成本项目							
			加工半成品	铸铁件	铸铝件	直接材料	直接动力	直接人工	制造费用	合计
1	还原前总成本									
2	本月所产完工半成品成本									
3	完工半成品成本还原									
4	本月所产铸铁件成本									
5	铸铁件成本还原									
6	本月所产铸铝件成本									
7	铸铝件成本还原									
8	还原后总成本									
9	还原后单位成本									

会计主管：　　　　　　　　复核：　　　　　　　　制表：

附件41-2

产成品成本还原计算表

产品名称：MK7130　　　　2022年12月　　　　完工产品产量：

行次	项　目	成本还原分配率	成本项目							
			加工半成品	铸铁件	铸铝件	直接材料	直接动力	直接人工	制造费用	合计
1	还原前总成本									
2	本月所产完工半成品成本									
3	完工半成品成本还原									
4	本月所产铸铁件成本									
5	铸铁件成本还原									
6	本月所产铸铝件成本									
7	铸铝件成本还原									
8	还原后总成本									
9	还原后单位成本									

会计主管：　　　　复核：　　　　制表：

附件42

科目汇总表

单位名称：　　　　年　　月　　日　　　　编号：

会计科目	期初余额		本期发生额		期末余额	
	借　方	贷　方	借　方	贷　方	借　方	贷　方
合　计						

会计主管：　　　　复核：　　　　制表：

附件43-1

商品（产品）成本表

编报企业：　　　　　　　　　　　　　　年　　月

产品名称	规格	计量单位	实际产量		单位成本				本月总成本			本年累计总成本		
			本月	本年累计	上年实际平均	本年计划	本月实际	本年累计实际平均	A	B	本月实际	A	B	本年实际
可比产品合计														
其中：1.														
2.														
不可比产品合计														
其中：1.														
2.														
全部商品（产品）生产成本														

会计主管：　　　　　　　　　　复核：　　　　　　　　　　制表：

注：A代表“按上年实际平均单位成本计算”；B代表“按本年计划单位成本计算”。

附件43-2

制造费用明细表

年　　月

项　目	行　次	本年计划	上年计划	本年实际
1.工资				
2.福利费				
3.折旧费				
4.机物料消耗				
5.水电费				
6.低值易耗品摊销				
7.修理费				
8.其他				
制造费用合计				

会计主管：　　　　　　　　　　复核：　　　　　　　　　　制表：

附件 43-3

主要产品单位成本表

年度

产品名称	MM1420H	本月实际产量			
规　格		本年累计实际产量			
计量单位		销售单价			
成本项目	历史先进水平	上年实际平均	本年计划	本月实际	本年实际平均
直接材料					
直接动力					
直接人工					
制造费用					
产品生产成本					
主要技术经济指标	耗用量	耗用量	耗用量	耗用量	耗用量
1.					
2.					
3.					

会计主管：　　　　　　　　　　　　复核：　　　　　　　　　　　　制表：

附件 43-4

主要产品单位成本表

年度

产品名称	MK7130	本月实际产量			
规　格		本年累计实际产量			
计量单位		销售单价			
成本项目	历史先进水平	上年实际平均	本年计划	本月实际	本年实际平均
直接材料					
直接动力					
直接人工					
制造费用					
产品生产成本					
主要技术经济指标	耗用量	耗用量	耗用量	耗用量	耗用量
1.					
2.					
3.					

会计主管：　　　　　　　　　　　　复核：　　　　　　　　　　　　制表：

第四部分 实验指导书

成本会计模拟实验，是在做完财务会计基本技能模拟实验后设置的课程。财务会计模拟实验主要涉及财务会计的内容，而成本会计模拟实验主要涉及财务会计和成本会计两门课程的内容，以财务会计的内容作为成本计算的基础。这两个实验虽然内容不同，但是基本框架是一样的，均给出期初余额、本月的会计业务及原始凭证、应用的财务制度、实验指导书等。

一、实验规定

（1）保持环境卫生。参与实验人员不能随地乱扔废纸，也不能往桌斗里塞杂物，养成良好的卫生习惯，为以后的实际工作打基础。

（2）填写记账凭证。登记账簿时书写整齐、规范，严禁“挖、刮、涂”，也不能用涂改液，需用正确的方法改正。如有以上不符合规定的现象，需重换账页。

（3）独立完成。遇到问题时，参与实验人员可以共同研究怎样解决，但严禁抄袭实验作业。

（4）按时完成。实验时间紧张，需按要求进度进行，否则突击都来不及，因此要求参与实验人员必须按时完成实验任务。

（5）出勤问题。因为是实验课，所以守时非常重要，如参与实验人员出勤率达不到相应要求，则本次实验无成绩，需以后学期补做。

（6）用笔问题。为了使账簿记录清晰、耐久，便于以后检查，参与实验人员记账时必须使用蓝、黑钢笔，不能使用圆珠笔。需要特别指出的是，红墨水不能轻易使用，只能在结账、划线更正、冲账时用，做实验也要严格按要求进行。

（7）书写数字要求。数字排列要整齐有序，而且要有一定的倾斜度。一般数字与底线呈45度角并向左下方倾斜。书写“1234567890”时，数字要紧靠底线且不要顶满格。一般来说，每个数字占预留格子的1/2或2/3，以便后续订正错误。数字“6”可以出上格线，数字“4”“7”可以出下格线，带圆圈的数字要封口。

二、实验目的

本实验是配合成本会计课程进行的综合实验。通过本实验将要达到如下目的：

（1）理论联系实际，深入理解成本会计基本理论。

（2）通过对各项成本费用的归集、分配，计算产品成本，掌握成本核算方法，增强实践技能。

（3）具备准确、规范地处理成本报表等的相关技能。全面掌握和运用应知的会计知识和应会的会计技能，掌握处理会计业务的关键点，形成会计思维方式，进一步体会怎样才能成为一名合格的成本会计工作者。

（4）实验中认真领会和处理各种实习业务，做到一丝不苟，独立完成每天的操作业务，确保实验课程顺利进行。

三、实验方法

（1）个人独立完成实验，可以参阅有关资料，允许发生计算、记录性错误，但是必须按规范予以更正。

（2）根据给出的题目，讲解题意，提示成本计算要点。本实验着重登记数量金额明细账和多栏式明细账，其他账户也涉及一些。

（3）编写实验报告，讲解实验报告格式和一般内容。

四、实验内容

本实验以机械制造企业12月份的业务为例，根据实验题目和原始凭证编制记账凭证，编制成本计算单及成本还原表，登记日记账、三栏式明细账、数量金额式明细账和多栏式明细账，编制科目汇总表，登记总账，其他账户省略不必登记。编写2 000字的实验报告。通过对各项成本费用的归集、分配，计算产品成本，掌握成本核算方法，增强实践技能。

五、时间安排

本实验需要1～2周的时间完成，可用30～60学时。建账2～4学时，审核原始凭证、编制记账凭证、编制成本计算单、登记账簿18～36学时，对账、结账、整理账簿等6～12学时，编写实验报告、装订凭证4～8学时。进度赶不上的学生，可以用课余时间补做。不能按时完成的，本次实验成绩为不及格。具体时间安排见表4-1：

表4-1 **课时分配表**

序号	实践课程内容	实践地点	实践形式及方法	学时数	备　注
1	建日记账、明细账	会计核算实验室	教师演示示范，学生自行编制记账凭证、登记账簿、编制报表	2～4	
2	审核原始凭证、编制40多笔业务的记账凭证	会计核算实验室		8～16	
3	采用一次交互分配法，分配辅助生产费用	会计核算实验室		2～4	
4	计算加工车间、装配车间产品成本，编制成本计算单	会计核算实验室		2～4	
5	进行成本汇总，结转完工产成品成本，进行成本还原	会计核算实验室		2～4	
6	编制科目汇总表，登记总账	会计核算实验室		2～4	
7	对账	会计核算实验室		2～4	
8	结账、封账、结转下年	会计核算实验室		2～4	
9	明细账排序、打出本账页数、写目录	会计核算实验室		2～4	
10	编制成本报表	会计核算实验室		2～4	
11	装订记账凭证	会计核算实验室		2～4	
12	编写实验报告	会计核算实验室		2～4	
合　计				30	

六、建账

（一）建总账（实际工作中为订本式账簿，账页为每页25行）

1.科目设置

依据上期已封账的旧账，根据法规变动、管理要求、业务变动情况确定应设置的科目名称，并按会计科目表的顺序排列，一次建齐。本实验应设置如下19个科目：“银行存款”“应付账款”“材料成本差异”“原材料”“周转材料”“自制半成品”“自制半成品差异”“库存商品”“在建工程”“固定资产”“累计折旧”“应付职工薪酬”“其他业务成本”“本年利润”“实收资本”“资本公积”“生产成本”

“制造费用”“管理费用”。

在实际工作中，不会给出以上科目，建总账时根据统一的会计科目表，凡是企业用到的或者可能用到的都要建上，肯定用不到的可以不建。

2.建账程序

（1）登记账簿启用及交接记录，明确经管责任。

（2）开户（就是在空白账页上登记科目名称）。在账页的左上方（或是右上方）“科目”后面的横线上，填写一级科目名称，建账时打出页数。

（3）登记期初余额。根据上期的总账余额表登记。“日期”栏均登记2022年12月1日；“凭证编号”栏不填；“摘要”栏均填写“期初余额”四个字；金额只在“余额”栏登记；“借方”栏、“贷方”栏均不登记；在“借或贷”栏，按余额的应在方向填写“借”字或“贷”字。

（4）一个科目所占页数，由于账务处理程序不同而不同。若采用科目汇总表账务处理程序且每月汇总一次，则不需要累计的科目每月只占一行，年终进行本年合计，再加“上期结转”一行，全年共占14行；需要累计的成本费用类、损益类科目，由于1月无累计，所以累计占11行；全年占25行，故每个科目占一页即可。

（5）填写账户目录，并写出页码。

（二）建日记账

银行存款日记账：写清户名（中国工商银行新南区支行）和账号（从现金支票的存根中可以找到，0403018801900664488）。

（三）建明细账

1.明细账与总账的区别

总账是订本账，因此需要一次建齐，并且科目的顺序是一定的（即会计科目表中的顺序），不得改变。明细账是活页账，因此不需要一次建齐，而是根据资产负债表和明细账，有期初余额的就建，没有期初余额的就不建。总账中会出现只写上科目名称而没有期初余额的情况，在明细账中不会出现这种情况。随着业务的发生，可以逐渐添加新页。若顺序写错，可再进行调整，使每类账本月末都和会计科目表中的顺序一致。

2.应用账页问题

在实际工作中，账本一页只写一个科目。

在实验中，账页是正反两面使用的，但一级科目必须相同，否则应另起一页。在实验中这样做主要考虑两点：一是节约用纸；二是反映实际工作情况，即方便随时添加账页。

例如，在建“应收账款”明细账时：应收账款——一公司、二公司（占一页，正反两面）、三公司（后面空着）；随着业务的增加，有了四公司，放在三公司的后面；再有五公司时，可以插入一个新页。而在建“其他应收款——××××”明细账时，此科目就要使用另外的账页，不能放在“应收账款”明细账的背面了。

3.建三栏式明细账

（1）登记账簿启用及交接记录。这是按岗位责任制的要求设置的，按项目填列，“单位名称”填本企业名称，“账簿名称”填三栏式明细账，“姓名”填本人姓名，“启用日期”“经管或接管日期”填业务给出日期，“账簿页数”在封账时填写。

（2）三栏式账页又称甲式账页，在账页的中间，“账”字前面的横线上，写“明细”两个字。在右上角方框（或是左上角）的“本户页数”栏，填写该明细科目的页次，每一个明细科目从第一页开始；“本账页数”栏，在建账时不填，到年终封账、账页不再变动时，按本账填写连续号，确定本账的页数。在右上角（或是左上角）“科目”二字前面的横线上填写一级科目名称，在后面的横线上填写二级科目名称，没有二级科目的可以不写。

（3）本实验设置以下科目：“应付账款——××××”“材料成本差异——××××”“自制半成品差异”

“在建工程——××××”“应付职工薪酬——××××”“实收资本”“资本公积”“其他业务成本”“本年利润”。注意设置账户时，要分清明细科目。

4.建数量金额式明细账

（1）登记账簿启用及交接记录。这是按岗位责任制的要求设置的，按项目填列，“单位名称”填本企业名称，“账簿名称”填数量金额式明细账，“姓名”填本人姓名，“启用日期”“经管或接管日期”填业务给出日期，“账簿页数”在封账时填写。

（2）设置账户（主要是在空白账页上登记科目名称）。

数量金额式账页又称乙式账页，在中间上方“明细账”的左边横线上填写一级科目，即总分类科目。在左上方“明细科目”右边的横线上填写二级科目，即类别；在左上方“品名”右边的横线上填写三级科目，即品名的名称；在“规格”右边的横线上填写四级科目，即具体规格。在“计量单位”右边的横线上填写统一的计量单位。计量单位确定之后，不应轻易改变，当实际业务的计量单位与此不符时，要折合成统一的计量单位。

在右上角“分页第________页”的横线上，填写该明细科目的页次，每一个明细科目从第一页开始；“总页第________页”的横线上，在建账时不填，到年终封账、账页不再变动时，按本账填写连续号，确定本账的页数。

（3）登记期初余额。“日期”栏均登记2022年12月1日；“凭证字号”栏不填；“摘要”栏均填写“期初余额”四个字；只在“余额”栏登记数量、单价、金额；“借方”栏、“贷方”栏均不登记；在“借或贷”栏，按余额的应在方向填写“借”字或“贷”字。

（4）科目设置。

本实验设有“原材料——××××”“周转材料——××××”“自制半成品——××××”“库存商品——××××”等账户。注意设置账户时，要分清明细科目。

5.建多栏式明细账

（1）登记账簿启用及交接记录。这是按岗位责任制的要求设置的，按项目填列，“单位名称”填本企业名称，“账簿名称”填多栏式明细账，“姓名”填本人姓名，“启用日期”“经管或接管日期”填业务给出日期，“账簿页数”在封账时填写。

（2）设置账户（主要是在空白账页上登记科目名称）。

多栏式账页又称分析式账页。它以左右两张账页为一份账页，除了借、贷、余3栏之外，还有分析栏等11栏，用于进一步分析、明确业务具体内容，因此又称14栏账。

中间上方“明细账”的左边填写一级科目名称。

在左上方（或右上方）“科目名称”的右边横线上填写二级科目名称，若没有二级科目也可以不填。

在右上方的方框内“本户页数”栏，填写该明细账的页次。每一个明细科目从第一页开始编号。“本账页数”栏在建账时不填，到年终封账、账页不再变动时，按本账填写连续号，确定本账的页数。

（3）科目设置。

本实验设有以下科目：

生产成本——MM1420H加工车间
　　　　——MK7130加工车间
　　　　——MM1420H装配车间
　　　　——MK7130装配车间
　　　　——铸铁件
　　　　——铸铝件
　　　　——供气车间
　　　　——机修车间

制造费用——加工车间

——装配车间

——铸造车间

——机修车间

——供气车间

管理费用

（4）登记期初余额。

期初余额只在“余额”栏登记。关于如何登记分析栏，现按照本实验涉及的“生产成本”“制造费用”科目具体说明如下：

“生产成本——MM1420H加工车间”“生产成本——MK7130加工车间”科目，在分析栏设置“铸铁件”“铸铝件”“直接人工”“直接动力”“制造费用”“其他”6个成本项目。“生产成本——MM1420H装配车间”“生产成本——MK7130装配车间”科目，在分析栏设置“直接材料”“加工半成品”“直接人工”“直接动力”“制造费用”“其他”6个成本项目。在本实验中，“生产成本”科目除了“MM1420H加工车间”“MK7130加工车间”“MM1420H装配车间”“MK7130装配车间”明细科目有期初余额外，其余均无余额。这些明细科目除了在“余额”栏填写之外，还要同时在分析栏按照实际结转的详细内容分别填写数据。

“制造费用”科目，在分析栏设置“工资”“福利费”“折旧费”“机物料”“水电费”“低值易耗品摊销”“修理费”“其他”共8个成本项目。在本实验中，“制造费用”各明细科目均无期初余额。

“管理费用”科目，在分析栏设置“工资”“福利费”“办公费”“差旅费”“财产保险费”“折旧费”“水电费”“低值易耗品摊销”“修理费”“其他”共10个成本项目。

6.建固定资产明细账

固定资产明细账（专门格式），在账页上部登记各项目数据，然后在固定资产原值和累计折旧余额栏分别登记金额，并计算出净值。

此账页包含“固定资产”和“累计折旧”两个科目，即两个科目在一张账页上。

七、审核原始凭证、编制记账凭证、编制成本计算单

本实验采用收、付、转三种记账凭证，并按三个系统编号，均从1号编起。企业付出现金，用付款凭证编制记账凭证，编号为1，则称付1号凭证。企业通过支票等从银行支付款项，用付款凭证编制记账凭证，编号为2，则称付2号凭证。企业收入现金，用收款凭证编制记账凭证，编号为1，则称收1号凭证。企业通过银行收到款项，用收款凭证编制记账凭证，编号为2，则称收2号凭证。不涉及货币资金的业务用转账凭证编制记账凭证，也是从1号开始编写，如编号为5，则称转账5号凭证，或简称转5。

关于所采用的记账凭证不分收、付、转而是用同一类型凭证，即所有业务都用同一格式的记账凭证的，这类凭证被称为通用记账凭证。会计制度无统一要求，企业可根据情况自行选定，凭证编号也可用不同方式自行确定。

货币资金内部转移业务，统一规定只编付方记账凭证，不编收方记账凭证，以避免重复登账。

业务涉及科目多，一笔业务用几张同一种凭证编制记账凭证时，在系统号后面附加一分式。分母表示这份凭证共几张，分子表示该凭证是这份凭证中的第几张。如用转账凭证编制的记账凭证，编号为“$6\frac{1}{3}$”，则“6”为转账凭证的系统编号，“3”表示这份凭证共用了3张转账凭证，“1”表示是3张转账凭证中的第一张转账凭证。

具体业务指导如下：

业务1：12月1日，加工车间领用铸铁件。

根据领料单可以看出，加工车间（MM1420H、MK7130）的生产成本增加，同时自制半成品的成本减少。

领料单一式三联：

第一联：存根（车间保存）；

第二联：记账联（财务科记账）；

第三联：仓库联（仓库保存）。

润达机床有限公司领料单

领用部门： 年 月 日 材料类别：

领料单号： 金额单位：元

<table>
<tr><td colspan="3">产品名称及用途</td><td colspan="3"></td><td colspan="4">工程编号</td></tr>
<tr><td colspan="3" rowspan="2">材料名称</td><td colspan="2" rowspan="2">规　格</td><td rowspan="2">单　位</td><td colspan="2">数　量</td><td rowspan="2">计划单价</td><td rowspan="2">总　价</td></tr>
<tr><td>请　领</td><td>实　发</td></tr>
<tr><td colspan="3"></td><td colspan="2"></td><td></td><td></td><td></td><td></td><td></td></tr>
<tr><td rowspan="2">发料部门</td><td>复核员</td><td>发料员</td><td rowspan="2">领用部门</td><td>主　管</td><td>领　料</td><td rowspan="2">备注</td><td colspan="3" rowspan="2"></td></tr>
<tr><td></td><td></td><td></td><td></td></tr>
</table>

参与实验人员要清楚领料单的填写过程，一张简单的原始凭证需要3个部门的人员共同填写。

在填写过程中，首先由车间的统计员填写“领用部门”、“ 年 月 日”、“材料类别”、“产品名称及用途”、“材料名称”和“数量请领”。然后由仓库保管员填写数量的实发数；最后，材料会计核定计划单价，并计算出总价。

业务2：12月1日，支付装配车间维修费。

根据凤鑫市加工修理统一发票的“加工修理项目”可知，维修费应计入装配车间的制造费用。另外，根据转账支票的存根可知银行存款减少。

要特别注意转账支票的填写：

转账支票分左右两边，左边为存根联，右边为正联。在正联中，年、月、日的填写尤为重要，必须用大写汉字填写。

年：贰零贰贰；

月：其中壹、贰、壹拾月份前加零；

日：其中壹至玖、壹拾、贰拾、叁拾前加零；

金额：大写金额顶头写，小写金额前要加人民币符号“￥”；

存根联日期用小写阿拉伯数字，如“2022.6.20”。

业务3：12月3日，铸造车间领用生铁和铝锭。

由领料单可以看出，领用生铁和铝锭是为了铸造车间自制半成品——铸铁件和铸铝件的生产，因此铸铁件和铸铝件的生产成本增加，同时原材料减少。

进行账务处理时，不能在“生产成本——铸造车间”账户的借方登记，否则月末还要在两个自制半成品之间进行成本分配，不准确，要分别核算成本。

业务4：12月3日，供气车间领用煤和柴油。

因为本企业供气车间是辅助生产车间，企业财务制度中规定，企业供气车间和机修车间为提供劳务发生的各项间接费用，如车间管理人员的工资及福利费、固定资产折旧费、一般材料消耗等，先通过“制造费用”账户核算，月终再转入“生产成本——辅助成本”账户。供气车间领用煤的主要作用是制造蒸气，因此也可以把蒸气看作供气车间生产的产品。

合编一张记账凭证时，要把摘要写清楚，为后面的成本分析做好铺垫工作。

业务5：12月3日，支付加工车间维修费。

维修费应计入加工车间的制造费用。

根据凤鑫市加工修理统一发票的“加工修理项目”可知，维修费应计入加工车间的制造费用。另外，根据转账支票的存根可知银行存款减少。

业务6：12月7日，铸造车间领用铝锭和焦炭。

领用原材料用于铸铝件的生产。

业务7：12月7日，装配车间领用电动机。

根据备注将其计入相应产品的生产成本。

业务8：12月8日，铸造车间领用生铁和焦炭。

根据领料单上的产品名称及用途可知生铁和焦炭用于铸铁件，将其计入其生产成本；同时领用的是原材料，所以原材料减少。

业务9：12月9日，装配车间领用电器元件、液压件和标准件。

将4张原始凭证统一处理并编制成一张凭证，因为领用部门都是装配车间，都用于产成品的生产，并且领用的都是原材料（外购件）。

根据备注，分别将相应产品领用原材料的金额相加。

业务10：12月10日，铸件完工入库。

应编制会计分录：

借：自制半成品

　贷：生产成本

参与实验人员在分析栏中无法用红字分析，因为已知题目中未说明各分析项的金额是多少，故暂不编制会计分录。

业务11：12月11日，加工车间领用量具。

根据领料单上的提示，一般消耗、一次摊销，确定借、贷方科目。

业务12：12月11日，加工车间领用铸件。

加工车间为了制造MM1420H和MK7130两种产品，领用自制半成品铸铁件。

业务13：12月11日，装配车间领用刃具。

根据领料单上的提示，一般消耗、一次摊销，确定借、贷方科目。

业务14：12月12日，加工车间领用铸件。

需注意，加工车间领用铸铝件为生产哪种产品，是MM1420H还是MK7130?

业务15：12月15日，铸造车间领用工作服。

铸造车间领用工作服，采用一次摊销法，因为属于一般消耗，因此需注意直接记入相应的科目。

业务16：12月15日，产成品入库。

只有入库的数量，没有单价，不能编制记账凭证。

核算产成品的单价：首先，应该知道“生产成本——产成品”账户的期初余额；其次，本期购入的原材料，支付的工资和福利费、水电费以及月末结转的制造费用是可知的；最后，月末剩余的材料费、工资和福利费、水电费、制造费用也是可以计算的。因此，月末结转数可以根据公式“月末结转数=期初余额+本期发生额-期末余额”计算。

业务17：12月18日，铸造车间领用生铁。

铸造车间领用生铁，用于生产铸铁件。

业务18：12月18日，装配车间领用油漆。

装配车间领用油漆，因此肯定是原材料减少。装配车间领用油漆用于一般消耗，因此需注意记入哪个科目。

业务19：12月20日，铸件完工入库。

应编制会计分录：

借：自制半成品

　贷：生产成本

但参与实验人员在分析栏中无法用红字分析，因为已知题目中未告诉各分析项的金额是多少，故暂不编制会计分录。

业务20：12月20日，产成品入库。

只有入库的数量，没有单价，不能编制记账凭证。

前面已经介绍过产成品的单价核算过程：首先，应该知道“生产成本——产成品”账户的期初余额；其次，本期购入的原材料，支付的工资和福利费、水电费以及月末结转的制造费用是可知的；最后，月末剩余的材料费、工资和福利费、水电费、制造费用也是可以计算的。因此，月末结转数可以根据公式“月末结转数=期初余额+本期发生额-期末余额”计算，用“月末结转数”除以“入库产成品的数量”，计算出单价，编制记账凭证。

业务21：12月22日，加工车间领用铸件。

领用自制半成品铸铁件，加工车间用于产成品生产。

业务22：12月24日，机修车间领用润滑油。

根据用途，一般消耗确定应记入的科目。

业务23：12月25日，供气车间领用煤。

因为本企业供气车间是辅助生产车间，企业财务制度中规定，企业供气车间和机修车间为提供劳务发生的各项间接费用，如车间管理人员的工资及福利费、固定资产折旧费、一般材料消耗等，先通过“制造费用”账户核算，月末再转入“生产成本——辅助成本”账户。供气车间领用煤相当于领用原材料，作用是制造蒸气，因此也可以把蒸气看作供气车间生产的产品。

业务24：12月28日，铸件完工入库。

应编制会计分录：

借：自制半成品

　贷：生产成本

但参与实验人员在分析栏中无法用红字分析，因为已知题目中未告诉各分析项的金额是多少，故暂不编制会计分录。

业务25：12月30日，产成品入库。

只有入库的数量，没有单价，不能编制记账凭证。

前面已经介绍过产成品的单价核算过程：首先，应该知道“生产成本——产成品”账户的期初余额；其次，本期购入的原材料，支付的工资和福利费、水电费以及月末结转的制造费用是可知的；最后，月末剩余的材料费、工资和福利费、水电费、制造费用也是可以计算的。因此，月末结转数可以根据公式“月末结转数=期初余额+本期发生额-期末余额”计算，用“月末结转数”除以“入库产成品的数量”，计算出单价，编制记账凭证。

业务26：12月31日，分配本月电费，交本月水费。

计算电费：

（1）计算分配率：

分配率=分配金额÷用电度数（保留4位小数）

（2）计算各车间、部门应分配的金额：

各车间、部门应分配金额=各车间部门用电度数×分配率（注意尾差的问题）

（3）照明用电的分配率是个整数，因此不存在尾差。

（4）动力用电的分配率保留4位小数，因此存在3次尾差，尾差由最后一项负担。其分配步骤见表4-2：

表4-2　　生产成本分配表

应借科目 \ 项目		动力用电	
		用电度数	分配金额（分配率：　　）
生产成本	机修车间	（1）10 000	1
	供气车间	（2）14 360	2
	小　计	（3）24 360	3
	铸造车间	（4）35 000	4
	加工车间	（5）91 000	5
	装配车间	（6）41 000	6
	小　计	（7）167 000	7
合　计		（8）	8

第一步：在辅助生产车间和基本生产车间进行分配。之所以这样做，是因为后面涉及辅助生产车间交互分配，所以要使它们的分配金额最接近实际，否则直接影响后面的工作。

3栏=（3）×分配率

7栏=8栏-3栏

第二步：在辅助生产车间之间进行分配，机修车间直接计算，供气车间利用尾差。

1栏=（1）×分配率

2栏=3栏-1栏

第三步：在基本生产车间之间进行分配，铸造车间、加工车间直接计算，装配车间利用尾差。

4栏=（4）×分配率

5栏=（5）×分配率

6栏=7栏-4栏-5栏

第四步：将3个基本生产车间耗用的电费按实用工时比例分配到自制半成品或产成品的成本中去。

注意：若要把明细全部写清楚，则需要写3张转账凭证，注意凭证号码要写1/3、2/3、3/3。

计算水费前，审核3张原始凭证，其中一张为委托收款凭证（一式五联，各联的用途分别为：一、四联归收款单位，五联归付款单位，二、三联分别归双方开户银行）。特约委托收款凭证是委托收款凭证的一个特例，只代表收、付方和中间银行。

计算水费：

（1）计算分配率：

分配率=分配金额÷用水数量（分配率是个整数，因此不存在尾差）

（2）计算各车间、部门应分配的金额：

各车间、部门应分配的金额=各车间、部门用水数量×分配率

业务27：12月31日，以银行存款支付本月财产保险费、报刊订阅费。

计算财产保险费、报刊订阅费：

本月摊销额=分配金额÷12

计算出横向合计和纵向合计，据以编制记账凭证。

业务28：12月31日，计提本月固定资产折旧，支付固定资产大修理费用。

（1）以铸造车间为例：

房屋及建筑物：800 000×0.002=1 600（元）

机器设备：2 200 000×0.003=6 600（元）

小计　　　　　　　8 200（元）

（不能相乘，只能相加，因为分配率不同）

其他各车间计算方法相同。

（2）大修理费数据已给，根据原始凭证编制付款凭证即可。

业务29：根据“材料采购明细账”和“材料成本差异明细账”提供的有关资料，计算本月原材料成本差异率和低值易耗品差异率。

月初结存：计划成本和成本差异的数据来自原材料、低值易耗品明细账和原材料、低值易耗品差异明细账，或本书中列出的期初余额。

本月收入：因为本次实验是成本会计实验，因此忽略了购货、入库、销售等与成本计算无关的环节，此项为0。

合计：合计中的计划成本和成本差异分别等于月初结存和本月收入的计划成本和成本差异的对应相加。

成本差异率=合计栏的成本差异÷计划成本

计算出原材料成本差异率和低值易耗品差异率。

此笔业务不用编制记账凭证，主要目的是计算原材料和低值易耗品的实际成本。

本次实验是成本会计实验，因此忽略了购货、入库、销售等与成本计算无关的环节，因此在前面材料中已经给出了最后的合计数，但在实际中这肯定是存在的，因此给出月初结存、本月收入，以便了解计算过程。

业务30：12月31日，根据有关“领料单”编制全厂“原材料耗用汇总表”，并予以结转。

注意：这是“原材料耗用汇总表”，只记录领用原材料的情况，不记录自制半成品，参与实验人员可根据生产成本和制造费用明细账来查看。

第一步：计划成本数据，以铸造车间为例，见表4-3。

表4-3　　　　**计划成本数据（铸造车间）**

铸造车间	铸铁件	查看生产成本——铸铁件（直接材料）
	铸铝件	查看生产成本——铸铝件（直接材料）
	一般耗用	查看制造费用——铸造车间（机物料）

加工车间领用的是自制半成品，因此无金额。

第二步：计算差异额。

差异额=领用原材料的计划成本×差异率

第三步：计算实际成本。

实际成本=计划成本+差异额

由于加工车间在领用原材料时，计入产成品生产成本的数据是计划成本，因此通过计算差异额可以将其调整为实际成本。

业务31：12月31日，根据有关“领料单”编制全厂“低值易耗品耗用汇总表”，并予以结转和摊销。

本实验中，低值易耗品摊销均采用一次摊销法，前面已编制会计分录：

借：制造费用——计划成本

　贷：低值易耗品

本业务是对以前领用的低值易耗品进行调减，将其调整为实际价格。

业务32：12月31日，分配本月工资费用。

将3个基本生产车间的工资、福利费、工会经费、职工教育经费按实用工时分配到自制半成品或产成品的成本中去，余下的按表中给出的科目直接编制记账凭证即可。

应付工资是企业对职工个人的一种负债，是企业使用职工的知识、技能、时间和精力而给予职工的一种补偿。

应付工资的核算：

（1）根据考勤簿和产量记录以及其他有关资料可以计算出应付工资的总额。企业实际发放给职工的工资不一定是职工实际应得的全部工资，有些必须由职工个人负担的费用需要由企业代扣代缴，一般包括基本医疗保险费、失业保险费等。因而，企业的实发工资应为：

实发工资=应付工资-代扣代缴款项

（2）企业一般按月发放工资，在每月发放工资前，首先应编制“工资结算汇总表”，并根据汇总表中的实发工资总额开出现金支票，提取现金，借记“库存现金”账户，贷记“银行存款”账户；其次，按实际发放数借记“应付职工薪酬”账户，贷记“库存现金”账户；从工资中代扣的款项，应按代扣金额借记“应付职工薪酬”账户，贷记“其他应付款”等账户。

（3）每月月末，企业应将本月的应付工资按照发生的地点、部门及与产品的关系进行分配，编制“工资费用分配汇总表”，并将表中的各项目分别记入相关账户。

核算流程是：按月根据考勤簿和产量记录编制“工资结算汇总表”；根据汇总表中的实发工资总额开出现金支票；每月月末，编制“工资费用分配汇总表”（企业应将本月的应付工资按照发生的地点、部门及与产品的关系进行分配），并将表中的各项目分别记入相关账户。

需要注意两点：

（1）虽然表中已将应借的一级科目列出，但是参与实验人员必须清楚什么样的人员工资应记入什么科目；

（2）算出合计数：做横向、纵向合计，使得这两个总合计相等。

业务33：12月31日，计提本月职工福利费。

从成本费用中提取的职工福利费应按职工所在的岗位分别列支，即将生产工人的福利费列入生产成本，车间管理人员的福利费列入制造费用，行政管理人员、职工福利人员、长病人员的福利费列入管理费用，在建工程人员的福利费列入在建工程成本，专设销售机构人员的福利费列入销售费用。

计提福利费的比例为应付工资的14%。

业务34：12月31日，计提本月工会经费。

有限责任公司成立1年以上，必须到税务局缴纳工会经费。工会经费按照应付工资总额的2%提取。如果单位设立了工会组织，则按照工会经费总额的40%上缴，其余60%留作工会组织经费（这60%必须有正式的工会经费发票转出，否则留在账上，年底所得税还得调出来）；单位如果没有设立工会组织，提取的工会经费必须全额上缴税务局。工会经费主要用于为职工服务和工会活动。

业务35：12月31日，计提本月职工教育经费。

为加强企业职工教育培训管理工作，不断提高职工队伍的素质，使之符合经济建设和社会发展的需要，许多企业还提取职工教育经费。

职工教育，是指单位派出参加的大专以上学历教育和各类岗位培训，以及研修、进修等适应性培训。

企业事业单位要为职工教育提供必要的经费。职工教育经费按职工工资总额的1.5%提取。有些企业不足的部分可从税后留利中提取1%~3%。

业务36：12月31日，结转机修车间和供气车间的制造费用。

结转制造费用，就是将车间的制造费用转到生产成本，使得制造费用明细账余额为零。在这里，要注意多栏式明细账分析栏的登账。

“制造费用”账户余额为零，各分析项均把本月发生数用红字转出，使得各分析项余额为零。

以实表讲解借方金额分析的含义，即借方金额分析用红字，贷方金额分析用蓝字；反之也成立，但因为在实际工作中以发生借方金额为主，因此企业在登账过程中形成了借方金额分析的习惯。

业务37：12月31日，采用一次交互分配法，分配辅助生产费用。

在采用一次交互分配法分配辅助生产费用时，先要审核原始凭证，弄清楚这些凭证的含义。

首先，看辅助生产车间供应劳务数量汇总表。由这个表可以看出，劳务项目分两种：供气和修理。接受劳务的车间和部门在表的左边。例如，接受供气车间供气劳务的有：机修车间接受供气42 000立方米，铸造车间接受供气48 000立方米，加工车间接受供气44 000立方米，装配车间接受供气41 000立方米，管理部门接受供气80 000立方米。从这里可以看出，作为辅助生产车间，供气车间不仅提供劳务给辅助生产车间，而且提供给辅助生产车间以外的其他各受益部门。机修车间提供修理劳务，道理也是如此。

其次，审核辅助生产费用分配表。在这个表中，标明使用一次交互分配法，因此，必须明白什么是一次交互分配法。一次交互分配法就是将辅助生产车间费用的分配分两次进行：第一次仅限于各辅助生产车间之间交互分配费用，基本生产车间和行政管理部门从略；第二次只将辅助生产车间分配前的费用加上分入费用，减分出费用，计算各辅助生产车间的实际费用后，再采用直接分配法，分配给基本生产车间和行政管理部门等各受益单位。

了解了一次交互分配法，下面编制辅助生产费用分配表：

因为一次交互分配法就是将辅助生产车间费用的分配分两次进行，第一次仅限于各辅助生产车间之间交互分配费用，基本生产车间和行政管理部门从略，所以先填直接发生费用。

第一步：填入已知数，即辅助生产车间直接费用金额（“生产成本——供气车间”“生产成本——机修车间”账户的账面余额）、辅助生产车间之间交互分配劳务的数量。

第二步：计算直接费用分配率。

供气车间分配率=该辅助生产车间直接费用金额÷该辅助生产车间本月提供的劳务总量

机修车间分配率=该辅助生产车间直接费用金额÷该辅助生产车间本月提供的劳务总量

第三步：计算各辅助生产车间之间的交互分配费用。

辅助生产车间分配费用，登账时分析栏都登在“制造费用”账户，只是借方用蓝字，贷方用红字。

接下来计算对外分配费用：

第一步：计算各辅助生产车间的实际费用后，将辅助生产车间分配前的费用加上分入费用，减分出费用，计算各辅助生产车间的实际费用后，再采用直接分配法，分配给基本生产车间和行政管理部门等各受益单位。

第二步：根据辅助生产车间供应劳务数量汇总表，将供气车间、机修车间向基本生产车间和行政管理部门提供的劳务总量填入表中。

第三步：计算对外分配率。

$$\text{对外分配率}=\frac{\text{该辅助生产车间实际费用}}{\text{向基本生产车间和行政管理部门提供的劳务总量}}$$

第四步：计算基本生产车间和行政管理部门等各受益单位接受劳务的费用。

基本生产车间接受劳务的费用=接受劳务数量×分配率

企业管理部门的费用利用尾差调整。

最后，分别计算对外分配、基本生产车间和行政管理部门等各受益单位接受劳务的费用合计。

注意：“辅助生产费用分配表”要有合计栏。

业务38：12月31日，按实用工时分配各基本生产车间的产品制造费用。

分配各基本生产车间的产品制造费用，也就是将车间的制造费用按实用工时分配到自制半成品或产成品的成本中去。

下面以铸造车间为例，介绍填制基本生产车间制造费用分配表的方法：

（1）根据生产工时统计汇总表，填入铸铁件、铸铝件的实用工时。

（2）在账户中找到“制造费用——铸造车间”账面金额，将其填入最后一行对应的“合计”栏的“分配金额”栏中。

（3）计算分配率。

分配率=分配金额÷铸造车间的总工时

（4）计算铸铁件和铸铝件的费用。

铸铁件的费用=铸铁件的工时×分配率

铸铝件的费用利用尾差调整。

（5）编制记账凭证时，注意产成品、半成品的成本增加，制造费用转出时各分析栏用红字填写。

加工车间和装配车间填制基本生产车间制造费用分配表的方法、登账的方法与铸造车间基本相同，只是账务处理有所不同。

业务39：12月31日，采用简单法计算并结转铸造车间的铸件成本。

结转铸造车间的铸件成本，从字面上分析就是将铸件的生产成本结转到“自制半成品——铸铁件”“自制半成品——铸铝件”账户中。

以铸铁件为例，介绍填制“铸造车间铸件成本计算表”的方法：

第一步：填写铸件名称——铸铁件。

第二步：填写完工产量——见铸件交库单（10笔50吨、19笔50吨、24笔20吨，共120吨）。

第三步：根据“生产成本——铸铁件”账户填列各项目。

月初在产品成本：因为“生产成本——铸铁件”账户无期初余额，所以此行空白，每个项目划横线。

本月生产费用：见“生产成本——铸铁件”账户，将账户中各项目抄入表中。

生产费用合计=月初在产品成本+本月生产费用

完工铸件总成本=本月生产费用-在产品成本

因为写明在产品数量很少，不计算成本，所以：

完工铸件总成本=生产费用合计

单位成本=总成本÷120（保留2位小数即可，若要起到分配率的作用，则要保留4位小数）

铸铝件的“铸造车间铸件成本计算表”的填制方法同上。

将铸铁件、铸铝件数量以及铸铁件、铸铝件“铸造车间铸件成本计算表”中的“完工铸件总成本（实际成本）”各项金额填入“完工铸件成本汇总表”。

业务40：计算自制半成品的成本差异率。

月初结存：计划成本和成本差异的数据来自自制半成品明细账和自制半成品差异明细账，或通过本书中列出的期初余额得到。

本月收入：相关数据见业务39，将铸铁件和铸铝件的计划成本相加、成本差异相减（因为一个节约，一个超支）。

合计：合计中的计划成本和成本差异分别等于月初结存和本月收入的计划成本和成本差异之和。

成本差异率=合计栏的成本差异÷计划成本

此笔业务不用编制记账凭证，主要目的是计算成本差异率，最后算出自制半成品的实际成本。

业务41：12月31日，根据“铸件领用单”编制加工车间“自制半成品耗用汇总表”，并予以结转。

编制这笔业务时，首先要编制自制半成品耗用汇总表，只有加工车间涉及领用自制半成品。

第一步：产成品领用铸铁件、铸铝件的情况可以通过领料单，也可以通过“生产成本——MM1420H加工车间”“生产成本——MK7130加工车间”账户找出领用的半成品的计划成本，计算出合计数。

第二步：计算差异额。

差异额=领用半成品的计划成本×差异率

第三步：计算实际成本。

实际成本=计划成本-差异额

由于加工车间在领用自制半成品时，计入产成品的生产成本是计划成本，因此通过计算差异额，可将其调整为实际成本。

做红字冲账，代表节约数。

登账时，注意在借方金额分析栏，按铸铁件和铸铝件的差异分别登记。

业务42：12月31日，采用简单法计算并结转加工车间产品成本。

结转加工车间产品成本，实际上就是将加工车间的完工半成品成本结转到装配车间的成本中。参与实验人员应当审核相关原始凭证，通过审核加工车间的产量资料，我们可以看出两种完工半成品的完工产量和月末在产品的数量以及完工率和投料率。该企业期末在产品成本按约当产量法计算。

采用约当产量法，是将月末在产品数量按完工程度折算成相当于完工产品的产量，即约当产量，然后按照完工产品产量与月末在产品约当产量的比例分配计算完工产品和月末在产品成本。

加工车间成本计算表的填列方法如下：

第一步：从“生产成本——MM1420H加工车间”“生产成本——MK7130加工车间”明细账上找出月初在产品成本、本月发生生产费用的各分析项，并将其相加，算出生产费用合计数。

生产费用合计=月初在产品成本+本月发生生产费用

第二步：计算完工半成品的单位成本（各成本项目的费用分配率保留4位小数）。

$$分配率=\frac{生产费用合计}{完工产品产量+在产品约当产量}$$

其中：

铸铁件、铸铝件的生产费用分配率=生产费用合计÷（20+4×100%）

其余生产费用分配率=生产费用合计÷（20+4×50%）

第三步：计算月末在产品成本。

月末在产品成本=月末在产品约当产量×分配率（完工半成品单位成本）

第四步：计算完工半成品成本。

完工半成品成本=生产费用合计-月末在产品成本

加工车间完工半成品成本汇总表中的数据可直接从加工车间成本计算表中完工半成品成本得到。

装配车间领用加工车间的完工半成品时，借方分析栏记入加工半成品项目。

加工车间各分析项用红字转出。

注意：“生产成本——加工车间”账户期末有余额。

业务43：12月31日，采用简单法计算装配车间产品成本。

结转装配车间成本，实际上就是将装配车间的成本结转到产成品。参与实验人员首先要审核相关原始凭证，其次要找到以前的4张产成品入库单。通过审核装配车间的产量资料，可以看出两种完工产成品的完工产量、月末在产品的数量、完工率和投料率。该企业期末在产品成本按约当产量法计算。

采用约当产量法，是将月末在产品数量按完工程度折算成为相当于完工产品的产量，即约当产量，然后按照完工产品产量与月末在产品约当产量的比例分配计算完工产品和月末在产品成本。

装配车间成本计算表的填列方法如下：

第一步：从“生产成本——MM1420H装配车间”“生产成本——MK7130装配车间”明细账中找出月初在产品成本、本月发生生产费用的各分析项，并将其相加，算出生产费用合计。

生产费用合计=月初在产品成本+本月发生生产费用

第二步：计算完工产成品的单位成本（各成本项目的费用分配率保留4位小数）。

$$分配率=\frac{生产费用合计}{完工产品产量+在产品约当产量}$$

其中：

直接材料、加工半成品的生产费用分配率=生产费用合计÷（20+4×100%）

其余生产费用分配率=生产费用合计÷（20+4×50%）

第三步：计算月末在产品成本。

月末在产品成本=月末在产品约当产量×分配率（完工产成品单位成本）

第四步：计算完工产成品成本。

完工产成品成本=生产费用合计−月末在产品成本

业务44：12月31日，编制产成品成本汇总表，结转完工产成品成本。

产成品成本汇总表中的数据可从装配车间成本计算表中的完工产成品得到。

业务45：12月31日，将管理费用、其他业务成本转入本年利润。

结平“管理费用”“其他业务成本”账户，转入“本年利润”账户借方，冲减本年利润。

业务46：12月31日，对产成品成本进行成本还原。

成本还原是将产品成本构成中的“完工半成品”“自制半成品”项目的成本还原为按“直接材料”“直接人工”“直接动力”“制造费用”等原始成本项目反映的成本，从而反映产品成本的原始构成。

铸造车间	加工车间	装配车间
铸铁件	完工半成品	产成品
铸铝件		
第一步	第二步	最后一步

将这几项并列还原，没有前后顺序。

以MM1420H产成品为例，介绍填制“产品成本还原计算表”的方法：

（1）还原前总成本就是转入产成品“生产成本——MM1420H装配车间”账户的成本，分析栏有加工车间转入的“完工半成品”和“直接材料”两项。假定装配车间领用加工车间的完工半成品已全部使用。

（2）本月所产完工半成品成本：加工车间生产完工半成品，通过“生产成本——MM1420H加工车间”账户可知，该账户包括铸铁件和铸铝件，并且已按照加工车间领用的铸件金额比例进行分配。

（3）将完工半成品还原为自制半成品、直接人工、直接动力、制造费用。

完工半成品成本还原分配率=本月产成品耗用上步骤完工半成品成本合计÷本月生产该种半成品成本合计

（4）本月所产铸铁件成本：看“生产成本——铸铁件”账户。

（5）计算铸铁件成本还原率。

铸铁件成本还原率=本月完工半成品耗用上步骤自制半成品成本合计÷本月生产该种自制半成品成本合计

（6）成本还原：看领用多少、领用的比例。

（7）铸铝件成本还原同上。

成本还原的方法：

成本还原是按照反工艺顺序进行的，即从最后一个生产步骤生产，将其耗用的上一生产步骤自制半成品的综合成本按照上一生产步骤所产半成品的成本构成，分解还原为原来成本项目的成本，直到第一个生产步骤；然后，将还原后的各生产步骤相同成本项目的成本数额加以汇总，就可以求得成本还原以后产成品的实际总成本，即按原始成本项目反映的产成品实际总成本。这一实际总成本与成本还原前产成品的实际总成本是相等的。也就是说，成本还原恢复了产成品成本的原始构成情况，但不会增加或减少产成品的实际总成本。

八、根据记账凭证登记明细账

1.通常的登记方法

日期：填写的日期应当为记账凭证日期，不是原始凭证的日期，也不是登账的日期。

记账凭证号数：现付1号记账凭证写“付1”，现收2号记账凭证写“收2”，银付3号记账凭证写“付3”，银收4号记账凭证写“收4”，转账5号记账凭证写“转5”。

摘要：收、付记账凭证上的摘要是从某一科目的角度填写的，可是收、付记账凭证要在两个以上的账户中登记，所以在登记账簿时，有的可以按凭证上的摘要照抄过来，有的要进行适当变更。转账凭证的摘要一般在登记不同科目时可以照抄，但有的也要进行适当变更。

例如，材料投入生产，编制转账记账凭证，摘要写“耗用材料”，则登记“生产成本”账户摘要时可以照抄，登记“原材料”账户摘要时就要改为“投入生产”才合适。若凭证的摘要写的是“投入生产”，则登记“原材料”账户摘要时可以照抄，登记“生产成本”账户摘要时就要改为“耗用材料”。

对方科目：借贷方的对应科目，如登记“库存现金”账户时，对方科目为“银行存款”，登记“银行存款”账户时，对方科目为“库存现金”；若对方科目是两个一级科目，则可以简化写在一行上；若对方科目是三个或更多个一级科目，则可以选择其金额大的科目填写。

页数：应登记对方科目所登账簿的本户页数，收付凭证出纳员都在当天登账，登账后在记账凭证上出纳账页栏注上所登账户页数。其他科目在登账时就按照凭证上出纳账页栏的数字登账，登记后在分户账页栏注上所登的本户页数。待其他账簿登齐后，出纳员再根据凭证上的分户页数登记，一般均省略不登，本实验中也可以不登。

金额：按照记账凭证上的借、贷方向和金额在账簿的相应栏登记。

余额：除了期初结存、月结行必须有余额之外，“库存现金”“银行存款”账户每天最后应有余额数，其他账户平时按业务需要计算余额。

借或贷：一般按账户性质填列，按余额实际性质填写。

核对号：进行账证核对或账账核对时做的符号，一般是挑勾。

2.登记数量金额式账页的明细账

凭证字号：记账凭证上的文字部分填在字栏，号数填在号栏。

例如：现付1号记账凭证，在字栏填“付”字，在号栏填“1”。

现收2号记账凭证，在字栏填“收”字，在号栏填“2”。

银付3号记账凭证，在字栏填“付”字，在号栏填“3”。

银收4号记账凭证，在字栏填“收”字，在号栏填“4”。

转5号记账凭证，在字栏填“转”字，在号栏填“5”。

数量：若记账凭证摘要栏已注明，账面摘要栏不填写数量，填在数量栏。若记账凭证摘要栏没有注明，则应根据原始凭证有关资料填写。若原始凭证上也没有这项资料，则应查明后填写。

单价：若记账凭证摘要栏已注明，账面摘要栏不填写单价，填在单价栏。若记账凭证摘要栏没有注明，应根据原始凭证有关资料和有关计价内容计算出单价填写。若原始凭证上没有该项资料，则应查明后决定如何填写。

3.登记多栏式明细账

凭单号：记账凭证号数。

借方金额：除在借方栏登记之外，还要根据费用的内容在借方金额分析的相应栏登记，即借方栏的金额应等于借方金额分析各栏的合计数。

贷方金额：除在贷方栏登记之外，还要根据费用的内容在借方金额分析的相应栏冲出，即用蓝字在贷方栏登记，用红字在借方金额分析的相应栏登记。贷方栏金额绝对值应等于借方分析各栏金额之和的绝对值。

余额：按一般规则计算。若为借方余额，则其等同于借方栏，即其金额应等于借方金额分析各栏的合计数。若为贷方余额，则其等同于贷方栏，即其金额绝对值应等于借方金额分析各栏之和的绝对值。

每次账页登满时应在最后一行摘要栏填写“结转下页”，借贷方金额登记本月应结转下页需继续累计的累计数，余额是截至目前为止的余额。

九、编制科目汇总表、登记总账

（一）汇总本期发生额

科目汇总表核算程序又称记账凭证汇总表核算程序。它是记账凭证核算程序的简化和发展。它的主要特点是：首先，根据记账凭证定期编制科目汇总表（记账凭证汇总表，下同）；其次，根据科目汇总表登记总分类账。

科目汇总表是根据记账凭证，按照相同的会计科目定期（10天、半月）归类、汇总编制的。

采用这种核算程序，填制会计凭证、登记账簿和编制会计报表的具体工作步骤如下：

（1）根据原始凭证或原始凭证汇总表，填制收款凭证、付款凭证和转账凭证；

（2）根据收款凭证、付款凭证及所附原始凭证逐笔、顺序登记库存现金日记账和银行存款日记账；

（3）根据记账凭证和原始凭证或原始凭证汇总表，逐笔登记明细分类账；

（4）根据记账凭证，定期编制科目汇总表；

（5）根据科目汇总表登记总分类账；

（6）按照对账的要求，定期将总分类账与日记账、明细分类账进行核对；

（7）根据总分类账和明细分类账编制会计报表。

（二）科目汇总表的编制

（1）科目名称栏：应按会计科目表的顺序排列，没有用到的科目可以跳过去。

（2）期初余额栏：可以根据上期科目汇总表期末余额栏的数据填列，或按总账上相应数据填列，借贷方的合计数应相等。

（3）本期发生额栏：应按记账凭证汇总的数据填列，不应当根据一级科目账的发生额合计数填列，借贷方的合计数应相等。

（4）期末余额栏：应按照表上资料计算填列，不应当按账上的有关数据填列。

（三）登记账簿的意义

登记账簿可以全面、系统地记录和反映资产和权益增减变化的情况，既可以提供综合的会计资料，又可以提供详细资料。

登记账簿可以随时了解资产、负债和权益的变化情况。

登记账簿是编制会计报表的前提和依据。

登记总账，可以直接根据各种记账凭证逐笔进行，也可以先行汇总各种记账凭证，编制成汇总记账凭证或科目汇总表后再据以进行。

采用记账凭证核算形式的单位，直接根据记账凭证定期（3天、5天或10天）登记。在这种核算形式下，应当尽可能地根据原始凭证编制原始凭证汇总表，根据原始凭证汇总表和原始凭证填制记账凭证，根据记账凭证登记总账；采用科目汇总表核算形式的单位，可以根据定期汇总编制的科目汇总表随时登记总账。采用汇总记账凭证核算形式的单位，可以根据汇总收款凭证、汇总付款凭证和汇总转账凭证的合计数，月终时一次登记总账。各单位具体采用哪一种会计核算形式，每隔几天登记一次总账，可以由本单位根据实际情况自行确定。

1.记账凭证核算形式

记账凭证核算形式是指对已发生的经济业务，都要根据原始凭证或原始凭证汇总表编制记账凭证，然后根据记账凭证直接登记总分类账的一种核算形式。它是一种最基本的核算形式，是其他各种核算形式产生和演变的基础。其显著特征是：在会计核算工作中直接根据记账凭证逐笔登记总分类账。

2.科目汇总表核算形式

科目汇总表核算形式，亦称记账凭证汇总表核算形式。它是根据记账凭证定期编制科目汇总表，然后据以登记总分类账的一种账务处理程序。这种账务处理程序是在记账凭证核算形式的基础上简化而形成的，其显著特点是设置科目汇总表并据以登记总分类账。

3.汇总记账凭证核算形式

汇总记账凭证核算形式是根据原始凭证或原始凭证汇总表编制记账凭证，再根据记账凭证编制汇总记账凭证，然后据以登记总分类账的一种账务处理程序。其主要特点是先根据记账凭证定期编制汇总记账凭证，期末再根据汇总记账凭证登记总分类账。

总分类账是按照总分类账户规定的核算内容连续地记录全部经济业务的账簿。

因此，企业、行政事业单位都要设置总分类账。

本实验按照科目汇总表核算形式登记总分类账。

（四）总分类账的登记

“日期”按编制科目汇总表的日期登记，凭证字号的“字”，以“科汇”为字，按编号登记。例如，3月份科目汇总表的编号为“3”，则在总账的凭证字号栏写上“科汇 3”。摘要栏可以只写“汇总”二字，在登记金额时可以将借方、贷方的发生额登记在同一行上。

十、编制成本报表

（一）成本报表的定义

成本报表是根据产品成本和期间费用的核算资料以及其他有关资料编制的，用来反映企业一定时期产品成本和期间费用水平及其构成情况的报告文件。成本报表不是对外报送的会计报表，属于企业内部报表。

（二）成本报表的种类

1.按反映的内容划分

反映成本计划情况的报表，一般包括产品生产成本表、主要产品单位成本表、制造费用明细表。

反映费用支出情况的报表，一般包括销售费用明细表、管理费用明细表和财务费用明细表。

反映生产经营情况的报表，一般包括生产情况表、材料耗用表、材料差异分析表等。

2.按编制的时间划分

按编制的时间划分，成本报表一般分为年报、季报、月报、旬报、周报、日报等。

（三）成本报表的编制

成本报表是反映企业在报告期内所生产全部产品的总成本和各种主要产品单位成本及总成本的报表。产品成本报表分为基本报表和补充资料两部分。

对基本报表部分的要求：

（1）应按可比产品和不可比产品分别填列。可比产品是指企业过去曾正式生产过、有完整的成本资料可以进行比较的产品；不可比产品是指企业本年度初次生产的新产品，或虽非初次生产，但以前仅属试制而未正式投产的产品，缺乏可比的成本资料。

（2）应反映各种可比和不可比产品本月及本年累计的实际产量、实际单位成本和实际总成本。

（3）为了反映企业当年成本计划的完成情况，基本报表部分还应反映各种可比和不可比产品本月和本年累计按计划单位成本计算的总成本。

（4）为了计算可比产品成本降低额和降低率，基本报表部分还应反映可比产品本月和本年按上年实际平均单位成本计算的总成本。

补充资料部分只填列本年累计实际数。

（四）具体报表的编制

1.商品（产品）成本表

商品（产品）成本表是反映企业在一定时期内所生产的全部商品（产品）（包括可比产品和不可比产品）的总成本和各种主要商品（产品）的单位成本和总成本的成本报表，用以考核成本计划的执行情况和成本降低任务的完成情况，分析成本增减变动的原因，进一步寻求降低成本的途径。

商品（产品）成本表按可比产品和不可比产品两部分分别反映其单位成本和总成本。可比产品的实际成本降低额和实际成本降低率是将本期的实际成本同上年的实际成本相对照计算出来的，所以表中不仅要列示本期的计划成本和实际成本，还要列示上年的实际成本。不可比产品因没有上年的实际成本可以比较，所以只列计划成本和实际成本。表中按上年实际平均单位成本计算成本，根据上年成本报表累计实际平均单位成本和本年实际产量计算填列；按本年计划单位成本计算成本，根据本年计划单位成本和本年实际产量计算填列。本年实际成本根据成本明细账填列。

填列方法如下：

（1）“产品名称”栏应按主要商品（产品）的品种分项列示。每项注明商品（产品）品种的名称、规格和计量单位。

（2）“实际产量”栏应按本月和从年初起到本月末止的各种主要商品（产品）的实际产量填列。

（3）“单位成本”栏应按上年度或以前年度报表资料、本期成本计划资料和本期实际成本资料分别计算填列。

（4）“本月总成本”栏应按本期商品（产品）产量分别乘以上年实际平均单位成本、本期计划单位成本和本期实际单位成本的积填列。

（5）“本年累计总成本”栏应按自年初至本月末止的本年累计产量分别乘以上年实际平均单位成本、本年计划单位成本和本年累计实际平均单位成本的积填列。

本实验财务制度中明确说明：精密万能外圆磨床和卧轴矩台平面磨床均为可比产品。

2.制造费用明细表

利用该表考核企业基本生产车间制造费用的构成和变动情况。

制造费用明细项目按会计制度的规定，结合企业的具体情况确定，但不宜经常变化，以保持各报告期会计数据的可比性。

若明细项目有调整，则报表相应数据也应调整，并在表后的附注中加以说明。

项目：制造费用明细账的借方金额分析的项目。

本年累计实际数：根据企业的已知情况，只能填列本年累计实际数。

3.主要产品单位成本表

主要产品单位成本表是反映企业在月份和年度内生产各种主要产品的单位成本的构成及其变动情况的会计报表。由于在商品（产品）成本表中各种主要产品的成本只列示总数，无法据此分析成本的构成情况，因此要编制本表，作为商品（产品）成本表的补充报表。

注意：这里的单位成本是还原后的成本。

基本要求：表内应分别按成本项目列示历史先进水平、上年实际平均单位成本、本期计划单位成本、本期实际单位成本和本年累计实际平均单位成本。

填列方法：

（1）各成本项目的历史先进水平，根据成本历史资料填列。

（2）各成本项目的上年实际平均单位成本，根据上年度的成本资料填列。

（3）各成本项目的本年计划单位成本，根据本年计划资料填列。

（4）各成本项目的本期实际单位成本，根据实际成本资料填列。

（5）各成本项目的本年实际平均单位成本，根据本年1月至本期末止该种产品的各该项目总成本除以累计产量后的商数填列。

十一、对账、结账、封账、结转下年

（一）对账

这里是指账账之间的核对。总账账户的期末余额应与所属二级明细账的期末余额之和相等；二级明细账的期末余额应与所属三级明细账的期末余额之和相等。

1. 总账与日记账之间不相符的查证

总账与日记账之间具有验证关系。下面仅从总账与银行存款日记账之间的不相符情况进行介绍，其他日记账与总账不相符的查证可参考本部分的介绍。

（1）总账正确性的查实。

对总账正确性的查实相对比较容易，主要方法是实施总账期初余额、本期发生额与期末余额的试算平衡，如果达到了平衡，则说明总账记录基本上没有问题。如果某一个方面未达到平衡，则应从这一方面的账簿记录进行检查。期初余额不平衡不会导致本期发生额不平衡，但会导致期末余额不平衡；本期发生额不平衡会直接导致期末余额不平衡。在判断错误所在之处时，应注意各项之间的影响关系。

试算平衡不是万能的，它不能发现在过账时发生的一张会计凭证的完全重复登记、漏记以及串户登记等差错。然而，这些差错也可能造成总账与明细账所登记的发生额不相等。对这些差错的检查，可以通过总账与明细账的核对来实施，但具体差错的确认只能靠核对总账与其所使用的记录依据。

（2）日记账正确性的查实。

对银行存款日记账的正确性查证，首选的方法是将此日记账与银行对账单逐笔核对，并编制“银行存款余额调节表”。如果调节日记账余额与对账单余额后两者相符，则可以认定银行存款日记账不存在问题。

如果银行存款日记账余额与银行对账单余额经调节是一致的，但日记账余额与总账余额不一致，在确认全部有关凭证已及时入账的前提下，可以初步推断出总账余额可能存在问题。在银行记账差错被排除的情况下，企业银行存款的收付及结余应以银行的记录为准。如果银行存款日记账与银行对账单一致，或者经调节后一致，则说明日记账的正确性是有保证的。如果二者经调节后仍不一致，则可能是企业存在记账差错。

还有一种情况，银行存款日记账与总账两者余额相符，但与银行对账单不相符或经调节仍不相符，在排除银行记账差错后，则可能是企业在会计处理上存在问题。例如，依据原始凭证（银行结算凭证）填制记账凭证时多列或少列数量，错记其他账户，或者重填、漏填凭证等；也可能是依据记账凭证登记总账或日记账时发生错记、重记、漏记、多记或少记。在这种情况下，可先通过日记账与银行对账单进行核对，找出有差异的记录，追查到原始凭证，寻找企业在从原始凭证到记账凭证、从记账凭证到日记账的处理过程中哪一个环节出了差错。如果所有“差异”记录经检查都未发现差错，可以在剔除未达账项后，认定这些项目属于银行方面存在记账差错。在认定银行存款日记账的记录后，再与总账进行核对。如不一致，可判定总账记录可能存在问题，可通过逐笔核对记录的方式查找账证不符的事项；在总账余额、发生额已进行试算平衡并未发现问题的情况下，可将检查的重点放在重记、漏记、错记方面，分析凭证字号及数量的特征。这是查找错误的简便方法。

2. 总账与明细账之间不相符的查证

总账与明细账都属分类账，处于不同层级。总账统驭着明细账，将总账与明细账进行核对，可以发现这两类账在记录时有无发生过账差错。

（1）总账与明细账不相符的原因分析。

由于账户余额不相符的查证比较简单，此处不再对产生不相符的原因进行具体分析与叙述。下面主要对账户发生额（分别借方与贷方）不相符的原因进行分析。

①过账差错。

总账或明细账在依据各自的记账依据进行登记时，可能发生人为疏忽，造成账账不符。由于一笔业务在记录时的差错，致使总账上该账户借方或贷方发生额“本月合计”与该账户所属全部明细账借方或贷方发生额“本月合计”的总和不相符，这种情况常常出现。

②汇总差错。

总账与明细账都可能以经汇总的凭证作为记账依据，如总账可根据科目汇总表登记，材料明细账可根据收料凭证汇总表、发料凭证汇总表登记。尽管总账与明细账实施登记的最初依据都是相同的原始凭证，但编制汇总凭证时却常常发生计算错误，最终导致上述两种账簿记录不一致。

（2）总账与明细账不相符的查证方法。

总账与所属明细账不一致，可以通过两者的对账发现。这种核对包括期初余额、本期借方发生额、本期贷方发生额和期末余额的核对。四项核对，如果发现哪一项不相符，则说明总账或明细账这方面的记录存在问题，应进一步查证。这时，检查的范围已相对缩小。

①对本期借方或贷方发生额不相符的检查。

无论是总账与所属明细账发生额的借方还是与贷方的本期合计数不相符，其采用的检查方法都是一致的。下面以对借方发生额的检查为例予以说明，并假定总账经过查证不存在问题。

如果总账经过试算平衡未发现差错，总账与明细账的借方发生额合计不一致，则可采用分月对账的方式，确定从哪一个月份开始发生这种账账不符；如果仅是刚结束的月份出现账账不符，则可以将各该明细账上的借方记录逐笔与用于记账的记账凭证、原始凭证进行核对，直至找到错误。

在对某些设二级、三级账户的明细账实施核对时，总账与二级账（明细账）不相符可能源于二级账的过账差错，三级账（明细账）上不存在过账差错。此时，宜确定二级账与三级账的一致性。如果两级账的本期借方发生额不相符，而且两者的差额正与总账与二级账借方发生额的差额相同，可以确定是二级账户在记账时存在差错。但是，这种查找方法仅限于存在一个差错的情况，如有多个差错，则不宜采用这种方法。对二级账记录差错的查找，可采用对借方记录逐笔核对的方法进行，一般比较容易查出差错之所在。

②对期末余额不相符的检查。

当总账与所属明细账的月末余额不相一致时，应先查证这种不相符是由上月月末余额不一致递延到本期所致，还是由本期发生额不一致所致。如果是由以前某月份月末余额错误所引起的，则应追查到错误起始的月份及有关项目；如果是由本期发生额不一致所引起的，则应从发生错误的一方（借方或贷方）实施账证核对，直到查出错误。为提高效率，可在先查证总账记录正确的基础上，仅对明细账实施账证核对。

总账余额与所属明细账余额之和不一致，但两类账簿的期初余额、本期借方发生额、贷方发生额均相符，其原因主要有二：A.各明细账上在计算账面余额时出现差错；B.将各明细账余额汇总时出现差错。对这两种差错的检查方法很简单：只要实施复核验算，就能查出问题。在仅存在一个差错时，可将重新计算的正确数与原错误的计算结果进行对比，测试其差额与总账、明细账之间差额的一致性；如果两者一致，则说明仅有的一个错误已经被查出，可以不再进行其他明细账的复核验算。

（二）结账

日期、记账凭证号数栏：不填。

摘要栏：填“月计”二字。

借、贷、余金额栏：按对账工作底稿上经过核对之后的金额填列。若余额为零，则在“角分”处写“平”字或做平的符号，有数量、单价的按账面计算。

填列后核对一次，以防登错，核对无误后在该行的上沿、下沿各划一道红线以示提醒。经营管理或编制会计报表需要累计资料的，在月计行下面填一累计行，计算各栏截至本月的数据，在累计行下沿再划一道红线，如“生产成本”账户就应设累计行。

（三）封账、结转下年

封账主要是对明细账进行封账。在每个账户的最后一行数据的下边划两道红线以示封账。计算累计数的账户，就在累计行的下边划两道红线；没有累计行的就在12月份的月计下边划两道红线，12月份没有发生额的则在最后的一次月计下边划两道红线。本年度没有发生额的在期初余额下面划两道红线。

若账户期末有余额，则需结转下年；如果没余额，则不用结转下年。

数量金额式明细账要记录结转数量和金额。

多栏式明细账要结转各分析项。

十二、打页数、写目录

1.活页式账簿的右上方“本账页数”栏填写连续编号，即不分账户，从第一张账页开始编号，从1号开始编，一直连续编下去，在最后一页还要注明本账一共多少页。“本户页数”即以一个账户为整体，分别从1号开始编。

2.写目录时要写清明细科目，在目录表上按纵向排列，页数写本账页数。

3.若有空白页，也要标明页数，不许隔页，并在期初余额或空白处标明“此页空白作废”。

十三、装订记账凭证

（一）会计凭证的保管方法和要求

会计凭证是一个单位的重要经济档案和历史资料，必须妥善保管，以便传阅利用。其保管方法和要求是：

（1）会计凭证应及时传递，不得积压。

（2）每月记账后，会计人员应将各种记账凭证连同所附原始凭证或原始凭证汇总表，按凭证编号的顺序折叠整齐，按期装订成册，并加具封面，注明单位名称、年度、月份和起讫日期、凭证种类、起讫号码等，并由装订人在装订线封签处盖章。

对于数量较多的原始凭证，如收、发料单等，可以不附在记账凭证后面，单独装订保管，在其封面上注明记账凭证日期、编号、种类，同时在记账凭证注明“附件另订”以及原始凭证名称和编号。

（3）会计凭证在装订以后存档以前，要防止受损、污染等。

（4）原始凭证不得外借。其他单位如因特殊原因需要调阅或复制会计凭证的，必须经本单位领导批准后，方可办理调阅手续或复制。

（5）外来原始凭证如有遗失，应取得签发单位加盖公章的书面证明，证明中应列明原凭证的号码、金额和内容等，由经办单位负责人批准后，才能代替原始凭证。对于确实无法取得证明的凭证，如车、船、飞机票等，应由当事人写明详细情况，由经办单位负责人批准后，作为原始凭证。

（二）装订记账凭证

1.记账凭证的整理

记账凭证一定要按凭证的种类分开，并且按顺序号从小到大排好，整理整齐。若有原始凭证或表格大于记账凭证，要把四边折叠得与记账凭证齐平，并且保证在装订之后能顺利地打开。科目汇总表应放在记账凭证的最前面。

2.装订

装订线不能露在外边。

3.在凭证封面填写有关栏目

装订完成之后，在凭证的封面上填写有关栏目，主要有凭证种类和起止号码。应按如下形式填写：现收1–××号、现付1–××号、银收1–××号、银付1–××号、转1–××号。

十四、编写实验报告

实验报告是在完成实验之后将实验过程、内容、心得、经验以及改进下次实验建议向有关方面反映的书面文件。

2.编写实验报告的意义

（1）总结心得体会、明确收获。

（2）锻炼写报告体裁的文章。

（3）为改进下次实验发表自己的看法。

（4）便于有关方面掌握实验的情况。

（5）为写实习报告、毕业论文打基础。

3.封面格式

<table><tr><td>

××××××　学　院

成本会计实验报告

班级：
姓名：
学号：
指导教师：

年　　月　　日

</td></tr></table>

4.实验报告的一般格式

正文格式：

<table><tr><td>

成本会计实验报告

××班　×××

正文（2 000字）

报告日期　　年　月　日

</td></tr></table>

主要内容：

（1）实验时间、地点、大体经过、内容。

（2）心得体会：

①对会计整体认识的体会；

②对理论与实际相结合的体会；

③对增强技能的体会；

④对成为合格会计人才的体会。

（3）经验：

①在保证凭证、账面整洁方面的经验；

②在处理业务方面的经验；

③其他方面的经验。

（4）建议：

①对实验内容、时间安排方面的建议；

②对老师指导方面的建议；

③其他方面的建议。

（5）要求：

①格式的第一部分约500字；

②格式的第二部分和第三部分为此实验报告的主要内容，共约1 300字；

③格式的第四部分约200字。

总字数2 000字左右，结构清晰、语句通顺、标点符号清楚，一天内完成。使用每页300字的稿纸编写。

十五、评分办法

（一）对实验凭证、账簿的考核

核算部分的质量考核主要体现在完成的实验凭证账簿上。在一定时间内必须完成规定的进度，完不成进度的不得参加考核。质量考核以检查记账凭证、账簿、会计报表和提问的方法评分。有一处严重影响会计信息正确性的常识性的（或表明会计工作不慎重的）错误扣5分，如转账凭证借贷方金额不平、总账和明细账不符合平行登记的要求、货币资金内部周转业务编制的记账凭证为收方记账凭证、账面有较严重的污染、记账凭证明显装订粗糙、对所提问题一无所知等。不规范的地方每种情况扣2分。若是普遍存在，每种情况最高可以扣5分。按百分制评分，此部分在总成绩中占50%。

（二）对实验报告的考核

从质、量两方面考核。以内容和字数是否达到要求为主进行评分。抄袭的为零分。内容尚可，字数不足1 000字的扣10分，内容空洞的最高扣40分，格式不合格的最高扣10分，出现错别字或字迹明显潦草的最高扣10分。按百分制评分，此部分在总成绩中占30%。

（三）对实验表现的考核

对实验表现的考核主要从实验参与态度和出勤两方面考核。要求实验过程出全勤、态度端正，认真对待每一个教学环节，积极完成老师布置的教学任务。按百分制评分，此部分在总成绩中占20%。

第五部分　实验用记账凭证和会计账页

一、实验用记账凭证

付款凭证

总字第　　号

贷方科目　　　　年　　月　　日　　　　字第　　号

摘　要	借方科目		金　额										记账符号
	总账科目	明细科目	千	百	十	万	千	百	十	元	角	分	
附件　　张	合　计												

会计主管：　　　记账：　　　审核：　　　出纳：　　　制单：

付款凭证

总字第　　号

贷方科目　　　　年　　月　　日　　　　字第　　号

摘　要	借方科目		金　额										记账符号
	总账科目	明细科目	千	百	十	万	千	百	十	元	角	分	
附件　　张	合　计												

会计主管：　　　记账：　　　审核：　　　出纳：　　　制单：

付款凭证

总字第　　号

贷方科目　　　　年　　月　　日　　　　字第　　号

摘　要	借方科目		金　额										记账符号
	总账科目	明细科目	千	百	十	万	千	百	十	元	角	分	
附件　　张	合　计												

会计主管：　　　记账：　　　审核：　　　出纳：　　　制单：

付款凭证

总字第　　号

贷方科目　　　　年　　月　　日　　　　字第　　号

摘　　要	借方科目		金　额										记账符号
	总账科目	明细科目	千	百	十	万	千	百	十	元	角	分	
附件　　　张	合　计												

会计主管：　　　　记账：　　　　审核：　　　　出纳：　　　　制单：

付款凭证

总字第　　号

贷方科目　　　　年　　月　　日　　　　字第　　号

摘　　要	借方科目		金　额										记账符号
	总账科目	明细科目	千	百	十	万	千	百	十	元	角	分	
附件　　　张	合　计												

会计主管：　　　　记账：　　　　审核：　　　　出纳：　　　　制单：

付款凭证

总字第　　号

贷方科目　　　　年　　月　　日　　　　字第　　号

摘　　要	借方科目		金　额										记账符号
	总账科目	明细科目	千	百	十	万	千	百	十	元	角	分	
附件　　　张	合　计												

会计主管：　　　　记账：　　　　审核：　　　　出纳：　　　　制单：

转账凭证

总字第　　号

年　　月　　日　　　　　　　　字第　　号

摘要	总账科目	明细科目	借方金额								贷方金额								记账符号
			十	万	千	百	十	元	角	分	十	万	千	百	十	元	角	分	
附件　　张	合计																		

会计主管：　　　　记账：　　　　审核：　　　　制单：

转账凭证

总字第　　号

年　　月　　日　　　　　　　　字第　　号

摘要	总账科目	明细科目	借方金额								贷方金额								记账符号
			十	万	千	百	十	元	角	分	十	万	千	百	十	元	角	分	
附件　　张	合计																		

会计主管：　　　　记账：　　　　审核：　　　　制单：

转账凭证

总字第　　号

年　　月　　日　　　　　　　　字第　　号

摘要	总账科目	明细科目	借方金额								贷方金额								记账符号
			十	万	千	百	十	元	角	分	十	万	千	百	十	元	角	分	
附件　　张	合计																		

会计主管：　　　　记账：　　　　审核：　　　　制单：

转账凭证

总字第　　号

年　　月　　日　　　　字第　　号

摘要	总账科目	明细科目	借方金额								贷方金额								记账符号
			十	万	千	百	十	元	角	分	十	万	千	百	十	元	角	分	
附件　张	合计																		

会计主管：　　记账：　　审核：　　制单：

转账凭证

总字第　　号

年　　月　　日　　　　字第　　号

摘要	总账科目	明细科目	借方金额								贷方金额								记账符号
			十	万	千	百	十	元	角	分	十	万	千	百	十	元	角	分	
附件　张	合计																		

会计主管：　　记账：　　审核：　　制单：

转账凭证

总字第　　号

年　　月　　日　　　　字第　　号

摘要	总账科目	明细科目	借方金额								贷方金额								记账符号
			十	万	千	百	十	元	角	分	十	万	千	百	十	元	角	分	
附件　张	合计																		

会计主管：　　记账：　　审核：　　制单：

转账凭证

总字第　　号

年　　月　　日　　　　字第　　号

摘　要	总账科目	明细科目	借方金额								贷方金额								记账符号
			十	万	千	百	十	元	角	分	十	万	千	百	十	元	角	分	
附件　　张	合　计																		

会计主管：　　　　记账：　　　　审核：　　　　制单：

转账凭证

总字第　　号

年　　月　　日　　　　字第　　号

摘　要	总账科目	明细科目	借方金额								贷方金额								记账符号
			十	万	千	百	十	元	角	分	十	万	千	百	十	元	角	分	
附件　　张	合　计																		

会计主管：　　　　记账：　　　　审核：　　　　制单：

转账凭证

总字第　　号

年　　月　　日　　　　字第　　号

摘　要	总账科目	明细科目	借方金额								贷方金额								记账符号
			十	万	千	百	十	元	角	分	十	万	千	百	十	元	角	分	
附件　　张	合　计																		

会计主管：　　　　记账：　　　　审核：　　　　制单：

转账凭证

总字第　　号

年　　月　　日　　　　　　　　字第　　号

摘　要	总账科目	明细科目	借方金额								贷方金额								记账符号
			十	万	千	百	十	元	角	分	十	万	千	百	十	元	角	分	
附件　　张	合　计																		

会计主管：　　　　记账：　　　　审核：　　　　制单：

转账凭证

总字第　　号

年　　月　　日　　　　　　　　字第　　号

摘　要	总账科目	明细科目	借方金额								贷方金额								记账符号
			十	万	千	百	十	元	角	分	十	万	千	百	十	元	角	分	
附件　　张	合　计																		

会计主管：　　　　记账：　　　　审核：　　　　制单：

转账凭证

总字第　　号

年　　月　　日　　　　　　　　字第　　号

摘　要	总账科目	明细科目	借方金额								贷方金额								记账符号
			十	万	千	百	十	元	角	分	十	万	千	百	十	元	角	分	
附件　　张	合　计																		

会计主管：　　　　记账：　　　　审核：　　　　制单：

转账凭证

总字第　　号

年　　月　　日　　　　字第　　号

摘要	总账科目	明细科目	借方金额								贷方金额								记账符号
			十	万	千	百	十	元	角	分	十	万	千	百	十	元	角	分	
附件　　张	合计																		

会计主管：　　　　记账：　　　　审核：　　　　制单：

转账凭证

总字第　　号

年　　月　　日　　　　字第　　号

摘要	总账科目	明细科目	借方金额								贷方金额								记账符号
			十	万	千	百	十	元	角	分	十	万	千	百	十	元	角	分	
附件　　张	合计																		

会计主管：　　　　记账：　　　　审核：　　　　制单：

转账凭证

总字第　　号

年　　月　　日　　　　字第　　号

摘要	总账科目	明细科目	借方金额								贷方金额								记账符号
			十	万	千	百	十	元	角	分	十	万	千	百	十	元	角	分	
附件　　张	合计																		

会计主管：　　　　记账：　　　　审核：　　　　制单：

转账凭证

总字第　　号

年　　月　　日　　　　字第　　号

摘　要	总账科目	明细科目	借方金额								贷方金额								记账符号
			十	万	千	百	十	元	角	分	十	万	千	百	十	元	角	分	
附件　　张	合　计																		

会计主管：　　　记账：　　　审核：　　　制单：

转账凭证

总字第　　号

年　　月　　日　　　　字第　　号

摘　要	总账科目	明细科目	借方金额								贷方金额								记账符号
			十	万	千	百	十	元	角	分	十	万	千	百	十	元	角	分	
附件　　张	合　计																		

会计主管：　　　记账：　　　审核：　　　制单：

转账凭证

总字第　　号

年　　月　　日　　　　字第　　号

摘　要	总账科目	明细科目	借方金额								贷方金额								记账符号
			十	万	千	百	十	元	角	分	十	万	千	百	十	元	角	分	
附件　　张	合　计																		

会计主管：　　　记账：　　　审核：　　　制单：

转账凭证

总字第　　号

年　　月　　日　　　　字第　　号

摘要	总账科目	明细科目	借方金额								贷方金额								记账符号
			十	万	千	百	十	元	角	分	十	万	千	百	十	元	角	分	
附件　　张	合计																		

会计主管：　　　　记账：　　　　审核：　　　　制单：

转账凭证

总字第　　号

年　　月　　日　　　　字第　　号

摘要	总账科目	明细科目	借方金额								贷方金额								记账符号
			十	万	千	百	十	元	角	分	十	万	千	百	十	元	角	分	
附件　　张	合计																		

会计主管：　　　　记账：　　　　审核：　　　　制单：

转账凭证

总字第　　号

年　　月　　日　　　　字第　　号

摘要	总账科目	明细科目	借方金额								贷方金额								记账符号
			十	万	千	百	十	元	角	分	十	万	千	百	十	元	角	分	
附件　　张	合计																		

会计主管：　　　　记账：　　　　审核：　　　　制单：

转账凭证

总字第　　号

年　　月　　日　　　　　　　　字第　　号

摘　要	总账科目	明细科目	借方金额								贷方金额								记账符号
			十	万	千	百	十	元	角	分	十	万	千	百	十	元	角	分	
附件　　张	合　计																		

会计主管：　　　　记账：　　　　审核：　　　　制单：

转账凭证

总字第　　号

年　　月　　日　　　　　　　　字第　　号

摘　要	总账科目	明细科目	借方金额								贷方金额								记账符号
			十	万	千	百	十	元	角	分	十	万	千	百	十	元	角	分	
附件　　张	合　计																		

会计主管：　　　　记账：　　　　审核：　　　　制单：

转账凭证

总字第　　号

年　　月　　日　　　　　　　　字第　　号

摘　要	总账科目	明细科目	借方金额								贷方金额								记账符号
			十	万	千	百	十	元	角	分	十	万	千	百	十	元	角	分	
附件　　张	合　计																		

会计主管：　　　　记账：　　　　审核：　　　　制单：

转账凭证

总字第　　号

年　　月　　日　　　　字第　　号

摘　要	总账科目	明细科目	借方金额								贷方金额								记账符号
			十	万	千	百	十	元	角	分	十	万	千	百	十	元	角	分	
附件　　张	合　计																		

会计主管：　　　　记账：　　　　审核：　　　　制单：

转账凭证

总字第　　号

年　　月　　日　　　　字第　　号

摘　要	总账科目	明细科目	借方金额								贷方金额								记账符号
			十	万	千	百	十	元	角	分	十	万	千	百	十	元	角	分	
附件　　张	合　计																		

会计主管：　　　　记账：　　　　审核：　　　　制单：

转账凭证

总字第　　号

年　　月　　日　　　　字第　　号

摘　要	总账科目	明细科目	借方金额								贷方金额								记账符号
			十	万	千	百	十	元	角	分	十	万	千	百	十	元	角	分	
附件　　张	合　计																		

会计主管：　　　　记账：　　　　审核：　　　　制单：

转 账 凭 证

总字第　　号

年　　月　　日　　　　字第　　号

摘　要	总账科目	明细科目	借方金额								贷方金额								记账符号
			十	万	千	百	十	元	角	分	十	万	千	百	十	元	角	分	
附件　　张	合　计																		

会计主管：　　记账：　　审核：　　制单：

转 账 凭 证

总字第　　号

年　　月　　日　　　　字第　　号

摘　要	总账科目	明细科目	借方金额								贷方金额								记账符号
			十	万	千	百	十	元	角	分	十	万	千	百	十	元	角	分	
附件　　张	合　计																		

会计主管：　　记账：　　审核：　　制单：

转 账 凭 证

总字第　　号

年　　月　　日　　　　字第　　号

摘　要	总账科目	明细科目	借方金额								贷方金额								记账符号
			十	万	千	百	十	元	角	分	十	万	千	百	十	元	角	分	
附件　　张	合　计																		

会计主管：　　记账：　　审核：　　制单：

转账凭证

年　　月　　日

总字第　　号

字第　　号

摘　要	总账科目	明细科目	借方金额								贷方金额								记账符号
			十	万	千	百	十	元	角	分	十	万	千	百	十	元	角	分	
附件　　张	合　计																		

会计主管：　　记账：　　审核：　　制单：

转账凭证

年　　月　　日

总字第　　号

字第　　号

摘　要	总账科目	明细科目	借方金额								贷方金额								记账符号
			十	万	千	百	十	元	角	分	十	万	千	百	十	元	角	分	
附件　　张	合　计																		

会计主管：　　记账：　　审核：　　制单：

转账凭证

年　　月　　日

总字第　　号

字第　　号

摘　要	总账科目	明细科目	借方金额								贷方金额								记账符号
			十	万	千	百	十	元	角	分	十	万	千	百	十	元	角	分	
附件　　张	合　计																		

会计主管：　　记账：　　审核：　　制单：

转账凭证

总字第　　号

年　　月　　日

字第　　号

摘　要	总账科目	明细科目	借方金额								贷方金额								记账符号
			十	万	千	百	十	元	角	分	十	万	千	百	十	元	角	分	
附件　　张	合　计																		

会计主管：　　记账：　　审核：　　制单：

转账凭证

总字第　　号

年　　月　　日

字第　　号

摘　要	总账科目	明细科目	借方金额								贷方金额								记账符号
			十	万	千	百	十	元	角	分	十	万	千	百	十	元	角	分	
附件　　张	合　计																		

会计主管：　　记账：　　审核：　　制单：

转账凭证

总字第　　号

年　　月　　日

字第　　号

摘　要	总账科目	明细科目	借方金额								贷方金额								记账符号
			十	万	千	百	十	元	角	分	十	万	千	百	十	元	角	分	
附件　　张	合　计																		

会计主管：　　记账：　　审核：　　制单：

装订线

凭 证 封 面

年　　　　月份

自　　　　日至　　　　日

总　　号	
第　　册	共　　册

凭证种类	起讫号数	凭证张数	附件张数	备　　注
	—			
	—			
	—			
	—			
	—			

主管：　　　　会计：　　　　装订：

抽出凭证登记表

抽出日期	抽出凭证张数、号数				抽出理由	抽出人盖　章	会计主管盖　章	归还日期	备注
	记账凭证编号	名称	张数	金额					

装订线

凭 证 封 面

年　　　　月份

自　　　　日至　　　　日

总　号	
第　册	共　册

凭证种类	起讫号数	凭证张数	附件张数	备　注
	——			
	——			
	——			
	——			
	——			

主管：　　　　会计：　　　　装订：

抽出凭证登记表

抽出日期	抽出凭证张数、号数				抽出理由	抽出人盖　章	会计主管盖　章	归还日期	备注
	记账凭证编号	名称	张数	金额					

润 达 机 床 有 限 公 司

总 分 类 账 簿

2022年度

账簿启用及交接记录

<table>
<tr><td colspan="4">使用单位</td><td colspan="6"></td><td colspan="3">单位盖章</td></tr>
<tr><td colspan="4">账簿名称</td><td colspan="6"></td><td colspan="3" rowspan="6"></td></tr>
<tr><td colspan="4">账簿编号</td><td colspan="6">总　　册　第　　册</td></tr>
<tr><td colspan="4">启用日期</td><td colspan="6">年　月　日至　年　月　日</td></tr>
<tr><td rowspan="3">经管人员</td><td colspan="5">主　管</td><td colspan="4">记　账</td></tr>
<tr><td colspan="3">姓　名</td><td colspan="2">盖　章</td><td colspan="2">姓　名</td><td colspan="2">盖　章</td></tr>
<tr><td colspan="3"></td><td colspan="2"></td><td colspan="2"></td><td colspan="2"></td></tr>
<tr><td rowspan="6">交接记录</td><td colspan="3">日　期</td><td colspan="3">监　交</td><td colspan="3">移　交</td><td colspan="3">接　管</td></tr>
<tr><td>年</td><td>月</td><td>日</td><td>职务</td><td>姓名</td><td>盖章</td><td>职务</td><td>姓名</td><td>盖章</td><td>职务</td><td>姓名</td><td>盖章</td></tr>
<tr><td></td><td></td><td></td><td></td><td></td><td></td><td></td><td></td><td></td><td></td><td></td><td></td></tr>
<tr><td></td><td></td><td></td><td></td><td></td><td></td><td></td><td></td><td></td><td></td><td></td><td></td></tr>
<tr><td></td><td></td><td></td><td></td><td></td><td></td><td></td><td></td><td></td><td></td><td></td><td></td></tr>
<tr><td></td><td></td><td></td><td></td><td></td><td></td><td></td><td></td><td></td><td></td><td></td><td></td></tr>
<tr><td colspan="2">备　注</td><td colspan="11"></td></tr>
</table>

登记账簿须知

一、启用账簿或调换记账人员时，应在“账簿启用及交接记录”内逐项填记有关事项。

二、会计账簿必须根据审核无误的记账凭证及其所附的原始凭证登记。应将会计凭证日期、编号、业务内容摘要、金额和其他有关资料逐项记入账内。登记完毕后，应在记账凭证上注明“√”符号，表示已经记账。

三、登记账簿时要用蓝黑墨水笔书写，不得使用铅笔或圆珠笔。红色墨水笔只能按规定用途使用，如改错、冲账等。

四、账簿中的文字和数字不要写满格，一般应占格宽的1/2。

五、登记账簿时，凡需登记会计科目的，必须填列会计科目的名称，或者同时填列会计科目的名称和编号。不得只填列会计科目的编号，不填列会计科目的名称。

六、各种账簿应该依照编写的页数顺序连续记载。每一账页记载完毕结转下页时，应在账页的最后一行结出合计数和余额，注明“过次页”字样；同时，将合计数和余额记入下页第一行有关栏内，并注明“承前页”字样。也可以只写在下页的第一行有关栏内，并注明“承前页”字样。

七、年度终了，要把各账户的余额结转下年，在摘要栏内注明“结转下年”字样，在下年新账第一行余额栏填写上年结转的余额，并在摘要栏注明“上年结转”字样。

八、账簿记录不得刮擦、挖补、涂抹或用退色药水更改字迹。发生错误时，应该按照下列方法进行更正：

1.登记账簿时发生错误，应采用划线法更正，并由记账人员在更正处盖章。

2.登记账簿以后，因记账凭证填制错误而使账簿记录发生错误，应按更正的记账凭证登记账簿。

账 户 目 录

科目名称	页次	科目名称	页次	科目名称	页次	科目名称	页次

账 户 目 录

科目名称	页次	科目名称	页次	科目名称	页次	科目名称	页次

总 分 类 账

会计科目：　　　　　　　　　　　　　　　　　　　　　　　总第　　页　　分第　　页

年		记账凭证		摘　要	对应科目	借　方												√	贷　方												√	借或贷	余　额											
月	日	类别	号数			百	十	亿	千	百	十	万	千	百	十	元	角	分		百	十	亿	千	百	十	万	千	百	十	元	角	分			百	十	亿	千	百	十	万	千	百	十	元	角	分

总分类账

会计科目：　　　　　　　　　　　　　　　　　　　　　　　　　　　　　　　　　　　　总第　　页　　分第　　页

年		记账凭证		摘要	对应科目	借方												√	贷方												√	借或贷	余额											
月	日	类别	号数			百	十	亿	千	百	十	万	千	百	十	元	角	分		百	十	亿	千	百	十	万	千	百	十	元	角	分			百	十	亿	千	百	十	万	千	百	十	元	角	分

总 分 类 账

会计科目：　　　　　　　　　　　　　　　　　　　　　　　　　　　　总第　　页　分第　　页

年		记账凭证		摘要	对应科目	借方													√	贷方													√	借或贷	余额												
月	日	类别	号数			百	十	亿	千	百	十	万	千	百	十	元	角	分		百	十	亿	千	百	十	万	千	百	十	元	角	分			百	十	亿	千	百	十	万	千	百	十	元	角	分

总　分　类　账

会计科目：　　　　　　　　　　　　　　　　　　　　　　　　　　　　　　　　总第　　页　分第　　页

年		记账凭证		摘　要	对应科目	借　方													√	贷　方													√	借或贷	余　额												
月	日	类别	号数			百	十	亿	千	百	十	万	千	百	十	元	角	分		百	十	亿	千	百	十	万	千	百	十	元	角	分			百	十	亿	千	百	十	万	千	百	十	元	角	分

总分类账

会计科目：　　　　　　　　　　　　　　　　　　　　　　　　　　　总第　　页　　分第　　页

年		记账凭证		摘要	对应科目	借方												√	贷方												√	借或贷	余额											
月	日	类别	号数			百	十	亿	千	百	十	万	千	百	十	元	角	分	百	十	亿	千	百	十	万	千	百	十	元	角	分			百	十	亿	千	百	十	万	千	百	十	元

总 分 类 账

会计科目：　　　　　　　　　　　　　　　　　　　　　　　　总第　　页　　分第　　页

年		记账凭证		摘要	对应科目	借方													√	贷方													√	借或贷	余额												
月	日	类别	号数			百	十	亿	千	百	十	万	千	百	十	元	角	分		百	十	亿	千	百	十	万	千	百	十	元	角	分			百	十	亿	千	百	十	万	千	百	十	元	角	分

总 分 类 账

会计科目：　　　　　　　　　　　　　　　　　　　　　　　　　　总第　　页　　分第　　页

年		记账凭证		摘　要	对应科目	借　方													√	贷　方													√	借或贷	余　额												
月	日	类别	号数			百	十	亿	千	百	十	万	千	百	十	元	角	分		百	十	亿	千	百	十	万	千	百	十	元	角	分			百	十	亿	千	百	十	万	千	百	十	元	角	分

总 分 类 账

会计科目：　　　　　　　　　　　　　　　　　　　　　　　　　　　　　　　总第　　页　　分第　　页

年		记账凭证		摘　要	对应科目	借　方													√	贷　方													√	借或贷	余　额												
月	日	类别	号数			百	十	亿	千	百	十	万	千	百	十	元	角	分		百	十	亿	千	百	十	万	千	百	十	元	角	分			百	十	亿	千	百	十	万	千	百	十	元	角	分

总 分 类 账

会计科目：　　　　　　　　　　　　　　　　　　　　　　　　总第　　页　　分第　　页

年		记账凭证		摘要	对应科目	借方													√	贷方													√	借或贷	余额												
月	日	类别	号数			百	十	亿	千	百	十	万	千	百	十	元	角	分		百	十	亿	千	百	十	万	千	百	十	元	角	分			百	十	亿	千	百	十	万	千	百	十	元	角	分

总分类账

会计科目：　　　　　　　　　　　　　　　　总第　　页　　分第　　页

年		记账凭证		摘要	对应科目	借方													√	贷方													√	借或贷	余额												
月	日	类别	号数			百	十	亿	千	百	十	万	千	百	十	元	角	分		百	十	亿	千	百	十	万	千	百	十	元	角	分			百	十	亿	千	百	十	万	千	百	十	元	角	分

总 分 类 账

会计科目：　　　　　　　　　　　　　　　　　　　　　　　　　　总第　　页　　分第　　页

年		记账凭证		摘　　要	对应科目	借　　方											√	贷　　方											√	借或贷	余　　额										
月	日	类别	号数			百	十	亿	千	百	十	万	千	百	十	元	角	分		百	十	亿	千	百	十	万	千	百	十	元	角	分			百	十	亿	千	百	十	万	千	百	十	元	角	分

总分类账

会计科目：　　　　　　　　　　　　　　　　　　　　　　　　　　　总第　　页　　分第　　页

年		记账凭证		摘要	对应科目	借方													√	贷方													√	借或贷	余额												
月	日	类别	号数			百	十	亿	千	百	十	万	千	百	十	元	角	分		百	十	亿	千	百	十	万	千	百	十	元	角	分			百	十	亿	千	百	十	万	千	百	十	元	角	分

总 分 类 账

会计科目：　　　　　　　　　　　　　　　　总第　　页　分第　　页

年		记账凭证		摘要	对应科目	借方													√	贷方													√	借或贷	余额												
月	日	类别	号数			百	十	亿	千	百	十	万	千	百	十	元	角	分		百	十	亿	千	百	十	万	千	百	十	元	角	分			百	十	亿	千	百	十	万	千	百	十	元	角	分

总分类账

会计科目：　　　　　　　　　　　　　　　　　　　　　　　　总第　　页　　分第　　页

年		记账凭证		摘要	对应科目	借方													√	贷方													√	借或贷	余额												
月	日	类别	号数			百	十	亿	千	百	十	万	千	百	十	元	角	分		百	十	亿	千	百	十	万	千	百	十	元	角	分			百	十	亿	千	百	十	万	千	百	十	元	角	分

总 分 类 账

会计科目：　　　　　　　　　　　　　　　　　　　　　　　　　　总第　　页　分第　　页

年		记账凭证		摘要	对应科目	借方													√	贷方													√	借或贷	余额												
月	日	类别	号数			百	十	亿	千	百	十	万	千	百	十	元	角	分		百	十	亿	千	百	十	万	千	百	十	元	角	分			百	十	亿	千	百	十	万	千	百	十	元	角	分

总 分 类 账

会计科目：　　　　　　　　　　　　　　　　　　　　　　　　　　　　　总第　　页　　分第　　页

年		记账凭证		摘要	对应科目	借方												√	贷方												√	借或贷	余额											
月	日	类别	号数			百	十	亿	千	百	十	万	千	百	十	元	角	分		百	十	亿	千	百	十	万	千	百	十	元	角	分			百	十	亿	千	百	十	万	千	百	十	元	角	分

总分类账

会计科目：　　　　　　　　　　　　　　　　　　　　　　　　　　　　总第　　页　分第　　页

年		记账凭证		摘要	对应科目	借方													√	贷方													√	借或贷	余额												
月	日	类别	号数			百	十	亿	千	百	十	万	千	百	十	元	角	分		百	十	亿	千	百	十	万	千	百	十	元	角	分			百	十	亿	千	百	十	万	千	百	十	元	角	分

总 分 类 账

会计科目：　　　　　　　　　　　　　　　　　　　　　　　　总第　　页　　分第　　页

年		记账凭证		摘要	对应科目	借方													√	贷方													√	借或贷	余额												
月	日	类别	号数			百	十	亿	千	百	十	万	千	百	十	元	角	分		百	十	亿	千	百	十	万	千	百	十	元	角	分			百	十	亿	千	百	十	万	千	百	十	元	角	分

总 分 类 账

会计科目：　　　　　　　　　　　　　　　　　　总第　　页　　分第　　页

年		记账凭证		摘　要	对应科目	借　方													√	贷　方													√	借或贷	余　额												
月	日	类别	号数			百	十	亿	千	百	十	万	千	百	十	元	角	分		百	十	亿	千	百	十	万	千	百	十	元	角	分			百	十	亿	千	百	十	万	千	百	十	元	角	分

总分类账

会计科目：　　　　　　　　　　　　　　　　　　　　　　　　　　　　总第　　页　　分第　　页

年		记账凭证		摘要	对应科目	借方												√	贷方												√	借或贷	余额											
月	日	类别	号数			百	十	亿	千	百	十	万	千	百	十	元	角	分		百	十	亿	千	百	十	万	千	百	十	元	角	分			百	十	亿	千	百	十	万	千	百	十	元	角	分

润达机床有限公司

银行存款日记账

2022年度

银行存款 日记账

年		凭证		结算方式					摘要	对应科目	借方													核对号	贷方													核对号	借或贷	余额												
月	日	字	号	支票号码	付委	汇款	托收	其他			百	十	亿	千	百	十	万	千	百	十	元	角	分		百	十	亿	千	百	十	万	千	百	十	元	角	分			百	十	亿	千	百	十	万	千	百	十	元	角	分

银行存款 日记账

年		凭证		结算方式					摘要	对应科目	借方													核对号	贷方													核对号	借或贷	余额												
月	日	字	号	支票号码	付委	汇款	托收	其他			百	十	亿	千	百	十	万	千	百	十	元	角	分		百	十	亿	千	百	十	万	千	百	十	元	角	分			百	十	亿	千	百	十	万	千	百	十	元	角	分

润 达 机 床 有 限 公 司

三 栏 式 明 细 账 账 簿

2022年度

账簿启用及交接记录

<table>
<tr><td colspan="4">使用单位</td><td colspan="6"></td><td colspan="3">单位盖章</td></tr>
<tr><td colspan="4">账簿名称</td><td colspan="6"></td><td colspan="3" rowspan="6"></td></tr>
<tr><td colspan="4">账簿编号</td><td colspan="6">总 册 第 册</td></tr>
<tr><td colspan="4">启用日期</td><td colspan="6">年 月 日至 年 月 日</td></tr>
<tr><td rowspan="3">经管人员</td><td colspan="5">主 管</td><td colspan="4">记 账</td></tr>
<tr><td colspan="3">姓 名</td><td colspan="2">盖 章</td><td colspan="2">姓 名</td><td colspan="2">盖 章</td></tr>
<tr><td colspan="3"></td><td colspan="2"></td><td colspan="2"></td><td colspan="2"></td></tr>
<tr><td rowspan="6">交接记录</td><td colspan="3">日 期</td><td colspan="3">监 交</td><td colspan="3">移 交</td><td colspan="3">接 管</td></tr>
<tr><td>年</td><td>月</td><td>日</td><td>职务</td><td>姓名</td><td>盖章</td><td>职务</td><td>姓名</td><td>盖章</td><td>职务</td><td>姓名</td><td>盖章</td></tr>
<tr><td></td><td></td><td></td><td></td><td></td><td></td><td></td><td></td><td></td><td></td><td></td><td></td></tr>
<tr><td></td><td></td><td></td><td></td><td></td><td></td><td></td><td></td><td></td><td></td><td></td><td></td></tr>
<tr><td></td><td></td><td></td><td></td><td></td><td></td><td></td><td></td><td></td><td></td><td></td><td></td></tr>
<tr><td></td><td></td><td></td><td></td><td></td><td></td><td></td><td></td><td></td><td></td><td></td><td></td></tr>
<tr><td colspan="2">备 注</td><td colspan="11"></td></tr>
</table>

登记账簿须知

一、启用账簿或调换记账人员时，应在“账簿启用及交接记录”内逐项填记有关事项。

二、会计账簿必须根据审核无误的记账凭证及其所附的原始凭证登记。应将会计凭证日期、编号、业务内容摘要、金额和其他有关资料逐项记入账内。登记完毕后，应在记账凭证上注明“√”符号，表示已经记账。

三、登记账簿时要用蓝黑墨水笔书写，不得使用铅笔或圆珠笔。红色墨水笔只能按规定用途使用，如改错、冲账等。

四、账簿中的文字和数字不要写满格，一般应占格宽的1/2。

五、登记账簿时，凡需登记会计科目的，必须填列会计科目的名称，或者同时填列会计科目的名称和编号。不得只填列会计科目的编号，不填列会计科目的名称。

六、各种账簿应该依照编写的页数顺序连续记载。每一账页记载完毕结转下页时，应在账页的最后一行结出合计数和余额，注明“过次页”字样；同时，将合计数和余额记入下页第一行有关栏内，并注明“承前页”字样。也可以只写在下页的第一行有关栏内，并注明“承前页”字样。

七、年度终了，要把各账户的余额结转下年，在摘要栏内注明“结转下年”字样，在下年新账第一行余额栏填写上年结转的余额，并在摘要栏注明“上年结转”字样。

八、账簿记录不得刮擦、挖补、涂抹或用退色药水更改字迹。发生错误时，应该按照下列方法进行更正：

1.登记账簿时发生错误，应采用划线法更正，并由记账人员在更正处盖章。

2.登记账簿以后，因记账凭证填制错误而使账簿记录发生错误，应按更正的记账凭证登记账簿。

账 户 目 录

科目名称	页次	科目名称	页次	科目名称	页次	科目名称	页次

账 户 目 录

科目名称	页次	科目名称	页次	科目名称	页次	科目名称	页次

明细账

一级科目________

二级或明细科目________　　　　　　　　　　总页________分页________

年		凭证		摘要	借方													√	贷方													√	借或贷	余额												
月	日	类别	号数		百	十	亿	千	百	十	万	千	百	十	元	角	分		百	十	亿	千	百	十	万	千	百	十	元	角	分			百	十	亿	千	百	十	万	千	百	十	元	角	分

明细账

一级科目＿＿＿＿＿＿

二级或明细科目＿＿＿＿　　　　　　　　　　　　　　　　　　　　总页＿＿＿＿分页＿＿＿＿

年		凭证		摘要	借方													√	贷方													√	借或贷	余额												
月	日	类别	号数		百	十	亿	千	百	十	万	千	百	十	元	角	分		百	十	亿	千	百	十	万	千	百	十	元	角	分			百	十	亿	千	百	十	万	千	百	十	元	角	分

明细账

一级科目________________

二级或明细科目__________

总页________ 分页________

年		凭证		摘要	借方													√	贷方													√	借或贷	余额												
月	日	类别	号数		百	十	亿	千	百	十	万	千	百	十	元	角	分		百	十	亿	千	百	十	万	千	百	十	元	角	分			百	十	亿	千	百	十	万	千	百	十	元	角	分

明细账

一级科目________

二级或明细科目________

总页________分页________

年		凭证		摘要	借方													√	贷方													√	借或贷	余额												
月	日	类别	号数		百	十	亿	千	百	十	万	千	百	十	元	角	分		百	十	亿	千	百	十	万	千	百	十	元	角	分			百	十	亿	千	百	十	万	千	百	十	元	角	分

明细账

一级科目＿＿＿＿＿＿

二级或明细科目＿＿＿＿＿＿　　　　　　　　　　　　总页＿＿＿＿分页＿＿＿＿

年		凭证		摘要	借方													√	贷方													√	借或贷	余额												
月	日	类别	号数		百	十	亿	千	百	十	万	千	百	十	元	角	分		百	十	亿	千	百	十	万	千	百	十	元	角	分			百	十	亿	千	百	十	万	千	百	十	元	角	分

明细账

一级科目______________

二级或明细科目__________

总页________分页________

年		凭证		摘要	借方													√	贷方													√	借或贷	余额												
月	日	类别	号数		百	十	亿	千	百	十	万	千	百	十	元	角	分		百	十	亿	千	百	十	万	千	百	十	元	角	分			百	十	亿	千	百	十	万	千	百	十	元	角	分

明细账

一级科目______

二级或明细科目______

总页______分页______

年		凭证		摘要	借方												√	贷方												√	借或贷	余额											
月	日	类别	号数		百	十	亿	千	百	十	万	千	百	十	元	角	分		百	十	亿	千	百	十	万	千	百	十	元	角	分			百	十	亿	千	百	十	万	千	百	十	元	角	分

明细账

一级科目____________

二级或明细科目________

总页________分页________

年		凭证		摘要	借方												√	贷方												√	借或贷	余额											
月	日	类别	号数		百	十	亿	千	百	十	万	千	百	十	元	角	分		百	十	亿	千	百	十	万	千	百	十	元	角	分			百	十	亿	千	百	十	万	千	百	十	元	角	分

明细账

一级科目______

二级或明细科目______　　　　总页______分页______

年		凭证		摘要	借方													√	贷方													√	借或贷	余额												
月	日	类别	号数		百	十	亿	千	百	十	万	千	百	十	元	角	分		百	十	亿	千	百	十	万	千	百	十	元	角	分			百	十	亿	千	百	十	万	千	百	十	元	角	分

明细账

一级科目__________

二级或明细科目__________

总页__________分页__________

年		凭证		摘要	借方													√	贷方													√	借或贷	余额												
月	日	类别	号数		百	十	亿	千	百	十	万	千	百	十	元	角	分		百	十	亿	千	百	十	万	千	百	十	元	角	分			百	十	亿	千	百	十	万	千	百	十	元	角	分

明细账

一级科目________

二级或明细科目________　　　　总页________分页________

年		凭证		摘要	借方													√	贷方													√	借或贷	余额												
月	日	类别	号数		百	十	亿	千	百	十	万	千	百	十	元	角	分		百	十	亿	千	百	十	万	千	百	十	元	角	分			百	十	亿	千	百	十	万	千	百	十	元	角	分

明细账

一级科目________

二级或明细科目________

总页________分页________

年		凭证		摘要	借方													√	贷方													√	借或贷	余额												
月	日	类别	号数		百	十	亿	千	百	十	万	千	百	十	元	角	分		百	十	亿	千	百	十	万	千	百	十	元	角	分			百	十	亿	千	百	十	万	千	百	十	元	角	分

明细账

一级科目________

二级或明细科目________　　　　总页________分页________

年		凭证		摘要	借方													√	贷方													√	借或贷	余额												
月	日	类别	号数		百	十	亿	千	百	十	万	千	百	十	元	角	分		百	十	亿	千	百	十	万	千	百	十	元	角	分			百	十	亿	千	百	十	万	千	百	十	元	角	分

明细账

一级科目__________

二级或明细科目__________

总页________分页________

年		凭证		摘要	借方												√	贷方												√	借或贷	余额											
月	日	类别	号数		百	十	亿	千	百	十	万	千	百	十	元	角	分		百	十	亿	千	百	十	万	千	百	十	元	角	分			百	十	亿	千	百	十	万	千	百	十	元	角	分

明细账

一级科目________

二级或明细科目________

总页________分页________

年		凭证		摘要	借方													√	贷方													√	借或贷	余额												
月	日	类别	号数		百	十	亿	千	百	十	万	千	百	十	元	角	分		百	十	亿	千	百	十	万	千	百	十	元	角	分			百	十	亿	千	百	十	万	千	百	十	元	角	分

明细账

一级科目________

二级或明细科目________

总页________分页________

年		凭证		摘要	借方													√	贷方													√	借或贷	余额												
月	日	类别	号数		百	十	亿	千	百	十	万	千	百	十	元	角	分		百	十	亿	千	百	十	万	千	百	十	元	角	分			百	十	亿	千	百	十	万	千	百	十	元	角	分

明细账

一级科目________

二级或明细科目________　　　　总页______分页______

年		凭证		摘要	借方												√	贷方												√	借或贷	余额											
月	日	类别	号数		百	十	亿	千	百	十	万	千	百	十	元	角	分		百	十	亿	千	百	十	万	千	百	十	元	角	分			百	十	亿	千	百	十	万	千	百	十	元	角	分

明细账

一级科目________

二级或明细科目________

总页________分页________

年		凭证		摘要	借方													√	贷方													√	借或贷	余额												
月	日	类别	号数		百	十	亿	千	百	十	万	千	百	十	元	角	分		百	十	亿	千	百	十	万	千	百	十	元	角	分			百	十	亿	千	百	十	万	千	百	十	元	角	分

明细账

一级科目______________

二级或明细科目__________

总页__________分页__________

年		凭证		摘要	借方												√	贷方												√	借或贷	余额											
月	日	类别	号数		百	十	亿	千	百	十	万	千	百	十	元	角	分		百	十	亿	千	百	十	万	千	百	十	元	角	分			百	十	亿	千	百	十	万	千	百	十	元	角	分

明细账

一级科目______

二级或明细科目______

总页______分页______

年		凭证		摘要	借方													√	贷方													√	借或贷	余额												
月	日	类别	号数		百	十	亿	千	百	十	万	千	百	十	元	角	分		百	十	亿	千	百	十	万	千	百	十	元	角	分			百	十	亿	千	百	十	万	千	百	十	元	角	分

润 达 机 床 有 限 公 司

数量金额式明细账账簿

2022年度

账簿启用及交接记录

<table>
<tr><td colspan="4">使用单位</td><td colspan="6"></td><td colspan="3">单位盖章</td></tr>
<tr><td colspan="4">账簿名称</td><td colspan="6"></td><td colspan="3" rowspan="6"></td></tr>
<tr><td colspan="4">账簿编号</td><td colspan="6">总　　册　第　　册</td></tr>
<tr><td colspan="4">启用日期</td><td colspan="6">年　月　日至　年　月　日</td></tr>
<tr><td rowspan="3">经管人员</td><td colspan="5">主　管</td><td colspan="4">记　账</td></tr>
<tr><td colspan="3">姓　名</td><td colspan="2">盖　章</td><td colspan="2">姓　名</td><td colspan="2">盖　章</td></tr>
<tr><td colspan="3"></td><td colspan="2"></td><td colspan="2"></td><td colspan="2"></td></tr>
<tr><td rowspan="6">交接记录</td><td colspan="3">日　期</td><td colspan="3">监　交</td><td colspan="3">移　交</td><td colspan="3">接　管</td></tr>
<tr><td>年</td><td>月</td><td>日</td><td>职务</td><td>姓名</td><td>盖章</td><td>职务</td><td>姓名</td><td>盖章</td><td>职务</td><td>姓名</td><td>盖章</td></tr>
<tr><td></td><td></td><td></td><td></td><td></td><td></td><td></td><td></td><td></td><td></td><td></td><td></td></tr>
<tr><td></td><td></td><td></td><td></td><td></td><td></td><td></td><td></td><td></td><td></td><td></td><td></td></tr>
<tr><td></td><td></td><td></td><td></td><td></td><td></td><td></td><td></td><td></td><td></td><td></td><td></td></tr>
<tr><td></td><td></td><td></td><td></td><td></td><td></td><td></td><td></td><td></td><td></td><td></td><td></td></tr>
<tr><td colspan="2">备　注</td><td colspan="11"></td></tr>
</table>

登记账簿须知

一、启用账簿或调换记账人员时，应在“账簿启用及交接记录”内逐项填记有关事项。

二、会计账簿必须根据审核无误的记账凭证及其所附的原始凭证登记。应将会计凭证日期、编号、业务内容摘要、金额和其他有关资料逐项记入账内。登记完毕后，应在记账凭证上注明“√”符号，表示已经记账。

三、登记账簿时要用蓝黑墨水笔书写，不得使用铅笔或圆珠笔。红色墨水笔只能按规定用途使用，如改错、冲账等。

四、账簿中的文字和数字不要写满格，一般应占格宽的1/2。

五、登记账簿时，凡需登记会计科目的，必须填列会计科目的名称，或者同时填列会计科目的名称和编号。不得只填列会计科目的编号，不填列会计科目的名称。

六、各种账簿应该依照编写的页数顺序连续记载。每一账页记载完毕结转下页时，应在账页的最后一行结出合计数和余额，注明“过次页”字样；同时，将合计数和余额记入下页第一行有关栏内，并注明“承前页”字样。也可以只写在下页的第一行有关栏内，并注明“承前页”字样。

七、年度终了，要把各账户的余额结转下年，在摘要栏内注明“结转下年”字样，在下年新账第一行余额栏填写上年结转的余额，并在摘要栏注明“上年结转”字样。

八、账簿记录不得刮擦、挖补、涂抹或用退色药水更改字迹。发生错误时，应该按照下列方法进行更正:

1.登记账簿时发生错误，应采用划线法更正，并由记账人员在更正处盖章。

2.登记账簿以后，因记账凭证填制错误而使账簿记录发生错误，应按更正的记账凭证登记账簿。

账 户 目 录

科目名称	页次	科目名称	页次	科目名称	页次	科目名称	页次

账户目录

科目名称	页次	科目名称	页次	科目名称	页次	科目名称	页次

明细账

总页______分页______
类别______编号______
规格______名称______

一级科目______

二级或明细科目______　　　　计量单位______计划单价______存放地点______

年		凭证		摘要	借（进仓）方													贷（出仓）方													余额												
					数量	单价	金额											数量	单价	金额											数量	单价	金额										
月	日	类别	号数				亿	千	百	十	万	千	百	十	元	角	分			亿	千	百	十	万	千	百	十	元	角	分			亿	千	百	十	万	千	百	十	元	角	分

明细账

总页______ 分页______

类别______ 编号______

规格______ 名称______

一级科目______

二级或明细科目______

计量单位______ 计划单价______ 存放地点______

年		凭证		摘要	借（进仓）方												贷（出仓）方												余额											
					数量	单价	金额										数量	单价	金额										数量	单价	金额									
月	日	类别	号数				亿	千	百	十	万	千	百	十	元	角	分			亿	千	百	十	万	千	百	十	元	角	分			亿	千	百	十	万	千	百	十	元	角	分

明细账

总页______ 分页______
类别______ 编号______
规格______ 名称______

一级科目______

二级或明细科目______　　计量单位______ 计划单价______ 存放地点______

年		凭证		摘要	借（进仓）方													贷（出仓）方													余额												
					数量	单价	金额											数量	单价	金额											数量	单价	金额										
月	日	类别	号数				亿	千	百	十	万	千	百	十	元	角	分			亿	千	百	十	万	千	百	十	元	角	分			亿	千	百	十	万	千	百	十	元	角	分

明细账

总页________分页________

类别________编号________

规格________名称________

一级科目____________________

二级或明细科目____________________

计量单位______计划单价__________存放地点________

年		凭证		摘要	借（进仓）方													贷（出仓）方													余额												
月	日	类别	号数		数量	单价	金额											数量	单价	金额											数量	单价	金额										
							亿	千	百	十	万	千	百	十	元	角	分			亿	千	百	十	万	千	百	十	元	角	分			亿	千	百	十	万	千	百	十	元	角	分

明细账

总页______ 分页______
类别______ 编号______
规格______ 名称______

一级科目______

二级或明细科目______ 计量单位______ 计划单价______ 存放地点______

年		凭　证		摘　要	借（进仓）方													贷（出仓）方													余　额												
					数量	单价	金　额											数量	单价	金　额											数量	单价	金　额										
月	日	类别	号数				亿	千	百	十	万	千	百	十	元	角	分			亿	千	百	十	万	千	百	十	元	角	分			亿	千	百	十	万	千	百	十	元	角	分

明细账

总页______ 分页______

类别______ 编号______

规格______ 名称______

一级科目______________

二级或明细科目______________

计量单位______ 计划单价______ 存放地点______

年		凭证		摘要	借（进仓）方													贷（出仓）方													余额												
月	日	类别	号数		数量	单价	金额											数量	单价	金额											数量	单价	金额										
							亿	千	百	十	万	千	百	十	元	角	分			亿	千	百	十	万	千	百	十	元	角	分			亿	千	百	十	万	千	百	十	元	角	分

明细账

总页______ 分页______
类别______ 编号______
规格______ 名称______

一级科目______________

二级或明细科目______________

计量单位______ 计划单价______ 存放地点______

年		凭证		摘要	借（进仓）方													贷（出仓）方													余额												
					数量	单价	金额											数量	单价	金额											数量	单价	金额										
月	日	类别	号数				亿	千	百	十	万	千	百	十	元	角	分			亿	千	百	十	万	千	百	十	元	角	分			亿	千	百	十	万	千	百	十	元	角	分

明细账

总页______ 分页______
类别______ 编号______
规格______ 名称______

一级科目______________

二级或明细科目______________　　　　计量单位______ 计划单价______ 存放地点______

年		凭证		摘要	借（进仓）方													贷（出仓）方													余额												
					数量	单价	金额											数量	单价	金额											数量	单价	金额										
月	日	类别	号数				亿	千	百	十	万	千	百	十	元	角	分			亿	千	百	十	万	千	百	十	元	角	分			亿	千	百	十	万	千	百	十	元	角	分

明细账

总页______ 分页______
类别______ 编号______
规格______ 名称______

一级科目______________

二级或明细科目______________

计量单位______ 计划单价______ 存放地点______

年		凭证		摘要	借（进仓）方													贷（出仓）方													余额												
					数量	单价	金额											数量	单价	金额											数量	单价	金额										
月	日	类别	号数				亿	千	百	十	万	千	百	十	元	角	分			亿	千	百	十	万	千	百	十	元	角	分			亿	千	百	十	万	千	百	十	元	角	分

明细账

总页______分页______

类别______编号______

规格______名称______

一级科目______

二级或明细科目______

计量单位______计划单价______存放地点______

年		凭证		摘要	借（进仓）方													贷（出仓）方													余额												
					数量	单价	金额											数量	单价	金额											数量	单价	金额										
月	日	类别	号数				亿	千	百	十	万	千	百	十	元	角	分			亿	千	百	十	万	千	百	十	元	角	分			亿	千	百	十	万	千	百	十	元	角	分

明细账

总页______ 分页______
类别______ 编号______
规格______ 名称______

一级科目______________

二级或明细科目______________

计量单位______ 计划单价______ 存放地点______

年		凭证		摘要	借（进仓）方													贷（出仓）方													余额												
月	日	类别	号数		数量	单价	金额											数量	单价	金额											数量	单价	金额										
							亿	千	百	十	万	千	百	十	元	角	分			亿	千	百	十	万	千	百	十	元	角	分			亿	千	百	十	万	千	百	十	元	角	分

明细账

总页______ 分页______
类别______ 编号______
规格______ 名称______

一级科目______________

二级或明细科目______________

计量单位______ 计划单价______ 存放地点______

年		凭证		摘要	借（进仓）方													贷（出仓）方													余额												
					数量	单价	金额											数量	单价	金额											数量	单价	金额										
月	日	类别	号数				亿	千	百	十	万	千	百	十	元	角	分			亿	千	百	十	万	千	百	十	元	角	分			亿	千	百	十	万	千	百	十	元	角	分

明细账

总页________ 分页________
类别________ 编号________
规格________ 名称________

一级科目________________

二级或明细科目________________　　　　计量单位______ 计划单价________ 存放地点________

年		凭证		摘要	借（进仓）方													贷（出仓）方													余额												
					数量	单价	金额											数量	单价	金额											数量	单价	金额										
月	日	类别	号数				亿	千	百	十	万	千	百	十	元	角	分			亿	千	百	十	万	千	百	十	元	角	分			亿	千	百	十	万	千	百	十	元	角	分

明细账

总页______ 分页______

类别______ 编号______

规格______ 名称______

一级科目______________

二级或明细科目______________

计量单位______ 计划单价______ 存放地点______

年		凭证		摘要	借（进仓）方													贷（出仓）方													余额												
					数量	单价	金额											数量	单价	金额											数量	单价	金额										
月	日	类别	号数				亿	千	百	十	万	千	百	十	元	角	分			亿	千	百	十	万	千	百	十	元	角	分			亿	千	百	十	万	千	百	十	元	角	分

明细账

总页＿＿＿＿ 分页＿＿＿＿

类别＿＿＿＿ 编号＿＿＿＿

规格＿＿＿＿ 名称＿＿＿＿

一级科目＿＿＿＿＿＿＿＿

二级或明细科目＿＿＿＿＿＿＿＿

计量单位＿＿＿＿ 计划单价＿＿＿＿ 存放地点＿＿＿＿

年		凭证		摘要	借（进仓）方													贷（出仓）方													余额												
					数量	单价	金额											数量	单价	金额											数量	单价	金额										
月	日	类别	号数				亿	千	百	十	万	千	百	十	元	角	分			亿	千	百	十	万	千	百	十	元	角	分			亿	千	百	十	万	千	百	十	元	角	分

明细账

总页______ 分页______
类别______ 编号______
规格______ 名称______

一级科目____________

二级或明细科目____________　　计量单位______ 计划单价______ 存放地点______

年		凭证		摘要	借（进仓）方													贷（出仓）方													余额												
月	日	类别	号数		数量	单价	金额											数量	单价	金额											数量	单价	金额										
							亿	千	百	十	万	千	百	十	元	角	分			亿	千	百	十	万	千	百	十	元	角	分			亿	千	百	十	万	千	百	十	元	角	分

明细账

总页______ 分页______

类别______ 编号______

规格______ 名称______

一级科目______

二级或明细科目______ 计量单位______ 计划单价______ 存放地点______

年		凭证		摘要	借（进仓）方													贷（出仓）方													余额												
					数量	单价	金额											数量	单价	金额											数量	单价	金额										
月	日	类别	号数				亿	千	百	十	万	千	百	十	元	角	分			亿	千	百	十	万	千	百	十	元	角	分			亿	千	百	十	万	千	百	十	元	角	分

明细账

总页＿＿＿＿ 分页＿＿＿＿

类别＿＿＿＿ 编号＿＿＿＿

规格＿＿＿＿ 名称＿＿＿＿

一级科目＿＿＿＿＿＿

二级或明细科目＿＿＿＿＿＿

计量单位＿＿＿＿ 计划单价＿＿＿＿ 存放地点＿＿＿＿

年		凭证		摘要	借（进仓）方													贷（出仓）方													余额												
月	日	类别	号数		数量	单价	金额											数量	单价	金额											数量	单价	金额										
							亿	千	百	十	万	千	百	十	元	角	分			亿	千	百	十	万	千	百	十	元	角	分			亿	千	百	十	万	千	百	十	元	角	分

明细账

总页______分页______
类别______编号______
规格______名称______

一级科目______

二级或明细科目______　　　计量单位______计划单价______存放地点______

年		凭证		摘要	借（进仓）方													贷（出仓）方													余额												
					数量	单价	金额											数量	单价	金额											数量	单价	金额										
月	日	类别	号数				亿	千	百	十	万	千	百	十	元	角	分			亿	千	百	十	万	千	百	十	元	角	分			亿	千	百	十	万	千	百	十	元	角	分

明细账

总页＿＿＿＿分页＿＿＿＿

类别＿＿＿＿编号＿＿＿＿

规格＿＿＿＿名称＿＿＿＿

一级科目＿＿＿＿＿＿＿＿

二级或明细科目＿＿＿＿＿＿＿＿

计量单位＿＿＿＿计划单价＿＿＿＿存放地点＿＿＿＿

年		凭证		摘要	借（进仓）方													贷（出仓）方													余额												
					数量	单价	金额											数量	单价	金额												数量	单价	金额										
月	日	类别	号数				亿	千	百	十	万	千	百	十	元	角	分			亿	千	百	十	万	千	百	十	元	角	分			亿	千	百	十	万	千	百	十	元	角	分

明细账

总页______ 分页______
类别______ 编号______
规格______ 名称______

一级科目______________

二级或明细科目______________

计量单位______ 计划单价______ 存放地点______

年		凭证		摘要	借（进仓）方													贷（出仓）方													余额												
					数量	单价	金额											数量	单价	金额											数量	单价	金额										
月	日	类别	号数				亿	千	百	十	万	千	百	十	元	角	分			亿	千	百	十	万	千	百	十	元	角	分			亿	千	百	十	万	千	百	十	元	角	分

明细账

总页________分页________
类别________编号________
规格________名称________

一级科目____________________

二级或明细科目____________________　　　　计量单位______计划单价________存放地点________

年		凭证		摘要	借（进仓）方												贷（出仓）方												余额											
					数量	单价	金额										数量	单价	金额										数量	单价	金额									
月	日	类别	号数				亿	千	百	十	万	千	百	十	元	角	分			亿	千	百	十	万	千	百	十	元	角	分			亿	千	百	十	万	千	百	十	元	角	分

固定资产明细账

总页　　　分页

年折旧率________ 预计残值________ 建造年份________ 构　　造________ 固定资产名称________

年折旧额________ 预计清理费______ 使用年限________ 所在地点________ 固定资产编号________ 计算单位________

年		记账凭证		摘要	数量		固定资产原值																											累计折旧																								固定资产净值								
					增加	减少	借方									贷方									余额									借方								贷方								余额																	
月	日	字	号				百	十	万	千	百	十	元	角	分	百	十	万	千	百	十	元	角	分	百	十	万	千	百	十	元	角	分	十	万	千	百	十	元	角	分	十	万	千	百	十	元	角	分	十	万	千	百	十	元	角	分	百	十	万	千	百	十	元	角	分

固定资产明细账

总页 分页

年折旧率________ 预计残值________ 建造年份________ 构　造________ 固定资产名称________

年折旧额________ 预计清理费______ 使用年限________ 所在地点________ 固定资产编号________ 计算单位________

年		记账凭证		摘要	数量		固定资产原值																											累计折旧																								固定资产净值								
							借方									贷方									余额									借方								贷方								余额																
月	日	字	号		增加	减少	百	十	万	千	百	十	元	角	分	百	十	万	千	百	十	元	角	分	百	十	万	千	百	十	元	角	分	十	万	千	百	十	元	角	分	十	万	千	百	十	元	角	分	十	万	千	百	十	元	角	分	百	十	万	千	百	十	元	角	分

润 达 机 床 有 限 公 司

多栏式明细账账簿

2022年度

账簿启用及交接记录

<table>
<tr><td colspan="4">使用单位</td><td colspan="6"></td><td colspan="3">单位盖章</td></tr>
<tr><td colspan="4">账簿名称</td><td colspan="6"></td><td colspan="3" rowspan="6"></td></tr>
<tr><td colspan="4">账簿编号</td><td colspan="6">总　　册　第　　册</td></tr>
<tr><td colspan="4">启用日期</td><td colspan="6">年　月　日至　年　月　日</td></tr>
<tr><td rowspan="3">经管人员</td><td colspan="5">主　管</td><td colspan="4">记　账</td></tr>
<tr><td colspan="3">姓　名</td><td colspan="2">盖　章</td><td colspan="2">姓　名</td><td colspan="2">盖　章</td></tr>
<tr><td colspan="3"></td><td colspan="2"></td><td colspan="2"></td><td colspan="2"></td></tr>
<tr><td rowspan="6">交接记录</td><td colspan="3">日　期</td><td colspan="3">监　交</td><td colspan="3">移　交</td><td colspan="3">接　管</td></tr>
<tr><td>年</td><td>月</td><td>日</td><td>职务</td><td>姓名</td><td>盖章</td><td>职务</td><td>姓名</td><td>盖章</td><td>职务</td><td>姓名</td><td>盖章</td></tr>
<tr><td></td><td></td><td></td><td></td><td></td><td></td><td></td><td></td><td></td><td></td><td></td><td></td></tr>
<tr><td></td><td></td><td></td><td></td><td></td><td></td><td></td><td></td><td></td><td></td><td></td><td></td></tr>
<tr><td></td><td></td><td></td><td></td><td></td><td></td><td></td><td></td><td></td><td></td><td></td><td></td></tr>
<tr><td></td><td></td><td></td><td></td><td></td><td></td><td></td><td></td><td></td><td></td><td></td><td></td></tr>
<tr><td>备　注</td><td colspan="12"></td></tr>
</table>

登记账簿须知

一、启用账簿或调换记账人员时，应在“账簿启用及交接记录”内逐项填记有关事项。

二、会计账簿必须根据审核无误的记账凭证及其所附的原始凭证登记。应将会计凭证日期、编号、业务内容摘要、金额和其他有关资料逐项记入账内。登记完毕后，应在记账凭证上注明“√”符号，表示已经记账。

三、登记账簿时要用蓝黑墨水笔书写，不得使用铅笔或圆珠笔。红色墨水笔只能按规定用途使用，如改错、冲账等。

四、账簿中的文字和数字不要写满格，一般应占格宽的1/2。

五、登记账簿时，凡需登记会计科目的，必须填列会计科目的名称，或者同时填列会计科目的名称和编号。不得只填列会计科目的编号，不填列会计科目的名称。

六、各种账簿应该依照编写的页数顺序连续记载。每一账页记载完毕结转下页时，应在账页的最后一行结出合计数和余额，注明“过次页”字样；同时，将合计数和余额记入下页第一行有关栏内，并注明“承前页”字样。也可以只写在下页的第一行有关栏内，并注明“承前页”字样。

七、年度终了，要把各账户的余额结转下年，在摘要栏内注明“结转下年”字样，在下年新账第一行余额栏填写上年结转的余额，并在摘要栏注明“上年结转”字样。

八、账簿记录不得刮擦、挖补、涂抹或用退色药水更改字迹。发生错误时，应该按照下列方法进行更正:

1.登记账簿时发生错误，应采用划线法更正，并由记账人员在更正处盖章。

2.登记账簿以后，因记账凭证填制错误而使账簿记录发生错误，应按更正的记账凭证登记账簿。

账 户 目 录

科目名称	页次	科目名称	页次	科目名称	页次	科目名称	页次

账 户 目 录

科目名称	页次	科目名称	页次	科目名称	页次	科目名称	页次

明 细 账

本账页数	
本户页数	

（ ）方 金 额 分 析																																																																															
百	十	万	千	百	十	元	角	元	百	十	万	千	百	十	元	角	元	百	十	万	千	百	十	元	角	元	百	十	万	千	百	十	元	角	元	百	十	万	千	百	十	元	角	元	百	十	万	千	百	十	元	角	元	百	十	万	千	百	十	元	角	元	百	十	万	千	百	十	元	角	元	百	十	万	千	百	十	元	角	元

本账页数	
本户页数	

科目名称________

年 月	日	凭单号	摘要	借方	贷方	借或贷	余额	借	
				千百十万千百十元角分	千百十万千百十元角分		千百十万千百十元角分	百十万千百十元角分	百十万千百十元角分

明 细 账

本账页数	
本户页数	

（ ）方金额分析																																																																						
百	十	万	千	百	十	元	角	元	百	十	万	千	百	十	元	角	元	百	十	万	千	百	十	元	角	元	百	十	万	千	百	十	元	角	元	百	十	万	千	百	十	元	角	元	百	十	万	千	百	十	元	角	元	百	十	万	千	百	十	元	角	元	百	十	万	千	百	十	元	角	元

本账页数	
本户页数	

科目名称______

年		凭单号	摘要	借方										贷方										借或贷	余额										借																	
月	日			千	百	十	万	千	百	十	元	角	分	千	百	十	万	千	百	十	元	角	分		千	百	十	万	千	百	十	元	角	分	百	十	万	千	百	十	元	角	分	百	十	万	千	百	十	元	角	分

明 细 账

本账页数	
本户页数	

( ) 方 金 额 分 析																																																																														
百	十	万	千	百	十	元	角	元	百	十	万	千	百	十	元	角	元	百	十	万	千	百	十	元	角	元	百	十	万	千	百	十	元	角	元	百	十	万	千	百	十	元	角	元	百	十	万	千	百	十	元	角	元	百	十	万	千	百	十	元	角	元	百	十	万	千	百	十	元	角	元	百	十	万	千	百	十	元	角	元

本账页数	
本户页数	

科目名称________

年		凭单号	摘要	借方	贷方	借或贷	余额	借	
月	日			千百十万千百十元角分	千百十万千百十元角分		千百十万千百十元角分	百十万千百十元角分	百十万千百十元角分

明 细 账

本账页数	
本户页数	

( ) 方 金 额 分 析

百	十	万	千	百	十	元	角	元	百	十	万	千	百	十	元	角	元	百	十	万	千	百	十	元	角	元	百	十	万	千	百	十	元	角	元	百	十	万	千	百	十	元	角	元	百	十	万	千	百	十	元	角	元	百	十	万	千	百	十	元	角	元	百	十	万	千	百	十	元	角	元	百	十	万	千	百	十	元	角	元

本账页数	
本户页数	

科目名称________

年		凭单号	摘要	借方										贷方										借或贷	余额										借																	
月	日			千	百	十	万	千	百	十	元	角	分	千	百	十	万	千	百	十	元	角	分		千	百	十	万	千	百	十	元	角	分	百	十	万	千	百	十	元	角	分	百	十	万	千	百	十	元	角	分

明 细 账

本账页数	
本户页数	

( )方金额分析																																																																							
百	十	万	千	百	十	元	角	元	百	十	万	千	百	十	元	角	元	百	十	万	千	百	十	元	角	元	百	十	万	千	百	十	元	角	元	百	十	万	千	百	十	元	角	元	百	十	万	千	百	十	元	角	元	百	十	万	千	百	十	元	角	元	百	十	万	千	百	十	元	角	元

本账页数	
本户页数	

科目名称________

年		凭单号	摘要	借方										贷方										借或贷	余额										借																	
月	日			千	百	十	万	千	百	十	元	角	分	千	百	十	万	千	百	十	元	角	分		千	百	十	万	千	百	十	元	角	分	百	十	万	千	百	十	元	角	分	百	十	万	千	百	十	元	角	分

明 细 账

本账页数	
本户页数	

（　　）方　　金　　额　　分　　析

百	十	万	千	百	十	元	角	元	百	十	万	千	百	十	元	角	元	百	十	万	千	百	十	元	角	元	百	十	万	千	百	十	元	角	元	百	十	万	千	百	十	元	角	元	百	十	万	千	百	十	元	角	元	百	十	万	千	百	十	元	角	元	百	十	万	千	百	十	元	角	元	百	十	万	千	百	十	元	角	元

本账页数	
本户页数	

科目名称______________

年		凭单号	摘要	借方										贷方										借或贷	余额										借																	
月	日			千	百	十	万	千	百	十	元	角	分	千	百	十	万	千	百	十	元	角	分		千	百	十	万	千	百	十	元	角	分	百	十	万	千	百	十	元	角	分	百	十	万	千	百	十	元	角	分

明 细 账

本账页数	
本户页数	

（ ）方金额分析																																																																							
百	十	万	千	百	十	元	角	元	百	十	万	千	百	十	元	角	元	百	十	万	千	百	十	元	角	元	百	十	万	千	百	十	元	角	元	百	十	万	千	百	十	元	角	元	百	十	万	千	百	十	元	角	元	百	十	万	千	百	十	元	角	元	百	十	万	千	百	十	元	角	元

本账页数	
本户页数	

科目名称________

年		凭单号	摘要	借方										贷方										借或贷	余额										借																	
月	日			千	百	十	万	千	百	十	元	角	分	千	百	十	万	千	百	十	元	角	分		千	百	十	万	千	百	十	元	角	分	百	十	万	千	百	十	元	角	分	百	十	万	千	百	十	元	角	分

明 细 账

本账页数	
本户页数	

（　）方金额分析																																																																																
百	十	万	千	百	十	元	角	元	百	十	万	千	百	十	元	角	元	百	十	万	千	百	十	元	角	元	百	十	万	千	百	十	元	角	元	百	十	万	千	百	十	元	角	元	百	十	万	千	百	十	元	角	元	百	十	万	千	百	十	元	角	元	百	十	万	千	百	十	元	角	元	百	十	万	千	百	十	元	角	元

本账页数	
本户页数	

科目名称________

年		凭单号	摘要	借方									贷方									借或贷	余额									借																	
月	日			千	百	十	万	千	百	十	元	角	分	千	百	十	万	千	百	十	元	角	分		千	百	十	万	千	百	十	元	角	分	百	十	万	千	百	十	元	角	分	百	十	万	千	百	十	元	角	分

明 细 账

本账页数	
本户页数	

（ ）方 金 额 分 析																																																																															
百	十	万	千	百	十	元	角	元	百	十	万	千	百	十	元	角	元	百	十	万	千	百	十	元	角	元	百	十	万	千	百	十	元	角	元	百	十	万	千	百	十	元	角	元	百	十	万	千	百	十	元	角	元	百	十	万	千	百	十	元	角	元	百	十	万	千	百	十	元	角	元	百	十	万	千	百	十	元	角	元

本账页数	
本户页数	

科目名称______________

年		凭单号	摘要	借方										贷方										借或贷	余额										借																	
月	日			千	百	十	万	千	百	十	元	角	分	千	百	十	万	千	百	十	元	角	分		千	百	十	万	千	百	十	元	角	分	百	十	万	千	百	十	元	角	分	百	十	万	千	百	十	元	角	分

明 细 账

本账页数	
本户页数	

（　　）方 金 额 分 析																																																																																
百	十	万	千	百	十	元	角	元	百	十	万	千	百	十	元	角	元	百	十	万	千	百	十	元	角	元	百	十	万	千	百	十	元	角	元	百	十	万	千	百	十	元	角	元	百	十	万	千	百	十	元	角	元	百	十	万	千	百	十	元	角	元	百	十	万	千	百	十	元	角	元	百	十	万	千	百	十	元	角	元

本账页数	
本户页数	

科目名称______________

年		凭单号	摘要	借方	贷方	借或贷	余额	借	
月	日			千百十万千百十元角分	千百十万千百十元角分		千百十万千百十元角分	百十万千百十元角分	百十万千百十元角分

明细账

本账页数	
本户页数	

（　）方金额分析

百	十	万	千	百	十	元	角	元	百	十	万	千	百	十	元	角	元	百	十	万	千	百	十	元	角	元	百	十	万	千	百	十	元	角	元	百	十	万	千	百	十	元	角	元	百	十	万	千	百	十	元	角	元	百	十	万	千	百	十	元	角	元	百	十	万	千	百	十	元	角	元	百	十	万	千	百	十	元	角	元

本账页数	
本户页数	

科目名称________

年		凭单号	摘要	借方	贷方	借或贷	余额	借	
月	日			千百十万千百十元角分	千百十万千百十元角分		千百十万千百十元角分	百十万千百十元角分	百十万千百十元角分

明 细 账

本账页数	
本户页数	

（ ）方金额分析																																																																																	
百	十	万	千	百	十	元	角	元	百	十	万	千	百	十	元	角	元	百	十	万	千	百	十	元	角	元	百	十	万	千	百	十	元	角	元	百	十	万	千	百	十	元	角	元	百	十	万	千	百	十	元	角	元	百	十	万	千	百	十	元	角	元	百	十	万	千	百	十	元	角	元	百	十	万	千	百	十	元	角	元

本账页数	
本户页数	

科目名称______________

年		凭单号	摘要	借方										贷方										借或贷	余额										借																	
月	日			千	百	十	万	千	百	十	元	角	分	千	百	十	万	千	百	十	元	角	分		千	百	十	万	千	百	十	元	角	分	百	十	万	千	百	十	元	角	分	百	十	万	千	百	十	元	角	分

明 细 账

本账页数	
本户页数	

（ ）方金额分析																																																																															
百	十	万	千	百	十	元	角	元	百	十	万	千	百	十	元	角	元	百	十	万	千	百	十	元	角	元	百	十	万	千	百	十	元	角	元	百	十	万	千	百	十	元	角	元	百	十	万	千	百	十	元	角	元	百	十	万	千	百	十	元	角	元	百	十	万	千	百	十	元	角	元	百	十	万	千	百	十	元	角	元

本账页数	
本户页数	

科目名称______

年		凭单号	摘要	借方										贷方										借或贷	余额										借																	
月	日			千	百	十	万	千	百	十	元	角	分	千	百	十	万	千	百	十	元	角	分		千	百	十	万	千	百	十	元	角	分	百	十	万	千	百	十	元	角	分	百	十	万	千	百	十	元	角	分

明 细 账

本账页数	
本户页数	

（ ）方金额分析																																																																																
百	十	万	千	百	十	元	角	元	百	十	万	千	百	十	元	角	元	百	十	万	千	百	十	元	角	元	百	十	万	千	百	十	元	角	元	百	十	万	千	百	十	元	角	元	百	十	万	千	百	十	元	角	元	百	十	万	千	百	十	元	角	元	百	十	万	千	百	十	元	角	元	百	十	万	千	百	十	元	角	元

本账页数	
本户页数	

科目名称________

年		凭单号	摘要	借方										贷方										借或贷	余额										借																	
月	日			千	百	十	万	千	百	十	元	角	分	千	百	十	万	千	百	十	元	角	分		千	百	十	万	千	百	十	元	角	分	百	十	万	千	百	十	元	角	分	百	十	万	千	百	十	元	角	分

明 细 账

本账页数	
本户页数	

( ) 方 金 额 分 析																																																																																
百	十	万	千	百	十	元	角	元	百	十	万	千	百	十	元	角	元	百	十	万	千	百	十	元	角	元	百	十	万	千	百	十	元	角	元	百	十	万	千	百	十	元	角	元	百	十	万	千	百	十	元	角	元	百	十	万	千	百	十	元	角	元	百	十	万	千	百	十	元	角	元	百	十	万	千	百	十	元	角	元

本账页数	
本户页数	

科目名称________

年		凭单号	摘要	借方										贷方										借或贷	余额										借																	
月	日			千	百	十	万	千	百	十	元	角	分	千	百	十	万	千	百	十	元	角	分		千	百	十	万	千	百	十	元	角	分	百	十	万	千	百	十	元	角	分	百	十	万	千	百	十	元	角	分

润达机床有限公司
2022年度

会 计 账 簿 封 面

账簿名称：________________
____
____
____
____

记账________________________